NAÇÃO ANGOLA

Copyright © 2021
Janaína de Figueiredo

editoras
Cristina Fernandes Warth
Mariana Warth

coordenação de design e de produção
Daniel Viana

revisão
BR75 | Aline Canejo

xilogravuras
Catarina Dantas e Rafael Pereira

Este livro segue as novas regras do Acordo Ortográfico da Língua Portuguesa.

Todos os direitos reservados à Pallas Editora e Distribuidora Ltda. É vetada a reprodução por qualquer meio mecânico, eletrônico, xerográfico etc., sem a permissão por escrito da editora, de parte ou totalidade do material escrito.

CIP-BRASIL. CATALOGAÇÃO-NA-FONTE
SINDICATO NACIONAL DOS EDITORES DE LIVROS, RJ

F49n

    Figueiredo, Janaína de, 1976-
    Nação Angola: caboclos, nkisis e as novas mediações / Janaína de Figueiredo. – 1. ed. – Rio de Janeiro: Pallas, 2021.
    272 p.; 21 cm.

    Inclui bibliografia
    ISBN 978-65-5602-055-6

    1. Candomblé. 2. Cultos afro-brasileiros. 3. Candomblé – São Paulo (SP). I. Título.

21-75114   CDD: 299.673
                          CDU: 259.4

Camila Donis Hartmann – Bibliotecária – CRB-7/6472

Pallas Editora e Distribuidora Ltda.
Rua Frederico de Albuquerque, 56 – Higienópolis
CEP 21050-840 – Rio de Janeiro – RJ
Tel./fax: 21 2270-0186
www.pallaseditora.com.br | pallas@pallaseditora.com.br

NAÇÃO ANGOLA

Caboclos, Nkisis e as novas mediações

JANAÍNA DE FIGUEIREDO

Rio de janeiro | 2022

AGRADECIMENTOS

Um livro sempre nasce a partir de muitas mãos e vozes. E este não seria diferente. Encontrei na vida pessoas que me ajudaram a pensá-lo, a dar corpo a seu texto e a construir conexões possíveis. São esses os interlocutores a quem devo a minha gratidão.

Assim, agradeço ao meu pai querido, Tata Kajalacy, companheiro de vida. E à minha mãe, Tânia M. G. de Figueiredo, pelo seu amor e seu acolhimento. A toda a minha família biológica e de santo. Agradeço à professora Terezinha Bernardo, pela orientação sempre arguta durante minha pesquisa no doutorado. Ao professor e amigo Vagner Gonçalves da Silva pela ajuda na organização deste livro. A meus interlocutores, "o povo de santo do Angola": Tata Silvio de Mutalambô, Mameto Oiá Ice, Mameto Tauá Nile, Tata Eluandi, Tata Efamim, Tata Katuvanjeci, Tata Cambando Ajalaunle, Mameto Luvuquele, Mameto Diassu, Makota Kassanje, Tateto Njila Mapembe, Makota Kamenha, Makota M'bandu a Mazi, Tateto Cambando Otakizo, Tata Cambando Moeneci, Tateto Cambando Kimbundi, Tateto Cambando Talecy e Tatelo Rafael entre outros que contribuíram para esse trabalho. Também meus sinceros agradecimentos às amigas queridas Camila Vieira, Flávia Bandeca, Joanice Conceição, Giovanna Caponni e ao querido "irmão", Patrício Araújo. Por fim, agradeço aos artistas plásticos e xilogravuristas ("irmãos de santo") Catarina Dantas e Rafael Pereira.

SUMÁRIO

Termos e definições 9

Prefácio 21

Meu Terreiro, minha morada 25

Apresentação 29

CAPÍTULO 1 **Imagens da Nação Angola no Brasil e em São Paulo** 37

1.1 Memória do Angola **38**

1.2 Estudos sobre o Candomblé: a Nação Angola **55**

1.3 De malungos a angoleiros: a identidade banta **70**

1.4 Identidades da Nação Angola **90**

1.5 Expansão da Nação Angola: Candomblé santista **96**

CAPÍTULO 2 **Vida, morte e fronteiras** 113

2.1 A fronteira no rito **114**

2.2 Narrativas sobre a vida **131**

2.3 Narrativas sobre a morte **141**

2.4 O portal de Kitembo: culto à memória ancestral **147**

CAPÍTULO 3 **Caboclo e ancestralidade** **163**

3.1 Ancestralidade banta **164**

3.2 Aruanda: terra dos ancestrais **170**

3.3 O Caboclo: lugares fronteiriços **178**

3.4 Caboclo em Terreiro de Angola **186**

3.5 Candomblé de Nkisi:
   o Caboclo é encantado para a vida **189**

3.6 A Festa de Caboclo: seu moço solta a indaca **202**

3.7 Angola de Caboclo:
   o Caboclo encantando a vida **213**

3.8 Jamberessu: Festa de Caboclo **219**

3.9 Caboclo: "o dono das folhas" **223**

Considerações finais **229**

ANEXO A **Terreiros pesquisados** **235**

ANEXO B **Encontros de angoleiros
   e eventos públicos visitados** **241**

Referências **243**

TERMOS E DEFINIÇÕES

Aqui estão reunidas explicações de conceitos e termos que, na forma original deste estudo, eram notas de rodapé. Para dar ao leitor a oportunidade de se familiarizar antecipadamente com esses termos, essas notas foram reunidas nesta pequena lista, ao lado de termos adicionais. Ao longo do livro, os termos incluídos na lista estarão grafados em negrito.

Este glossário dialoga com as pesquisas em torno das palavras e dos termos apresentados, bem como com os significados dados pelos **ANGOLEIROS**. Por vezes, buscam-se traduções oferecidas por dicionários de kimbundo.

Abó: Evocação da morte.
Africanidade: O conceito de africanidade é utilizado aqui como valorização da África e de seus descendentes na diáspora. Segundo Kislana Silva (2013), a africanidade surge a partir das discussões teóricas e políticas sobre negritude. A autora identifica as proximidades e os distanciamentos entre pan-africanismo, negritude e africanidade. Compare com Munanga (2007).
Africanismo(s): Veja **Africaniza(r)**.
Africanização: Veja **Africaniza(r)**.
Africanizado(a): Veja **Africaniza(r)**.
Africanizar(r): "Africanizar", "reafricanizar" ou "(re)africanizar" são termos cunhados por alguns pesquisadores (BOTÃO, 2008; BRAGA, 1988; PRANDI, 1991; SILVA, V., 1995) para explicar o processo pelo qual muitos Terreiros buscam resgatar mitos e ritos considerados perdidos. Nesse caminho, a África ou a Bahia se impõem como um norte e fonte de busca pelas origens. Para Braga (1988, p. 88), no entanto, a expressão "reafricanizar" (utilizada sem parênteses) deveria ser chamada também de nigerianização ou beninização, em virtude das divisões e hierarquizações que o processo gerou. Muitos autores utilizam "africanizar", "reafricanizar" ou, ainda, "(re)africanizar"

indicando o mesmo sentido, ou seja, a busca de uma África mítica perdida na diáspora. Já para Prandi (1991), o termo "africanizar" indica as estratégias utilizadas pelos adeptos do Candomblé na busca por legitimidade. Nessa linha argumentativa, muitos sacerdotes e sacerdotisas, interessados em serem reconhecidos socialmente (e ampliarem a rede de clientes), passaram a se envolver na procura por prestígio simbólico. Isso os levou a restaurar uma "pureza" original encontrada no passado, seja na África, seja na Bahia. Essa busca significa para Prandi africanizar o rito. Botão (2007) utiliza esse termo para argumentar que a reafricanização da Nação Angola partiu de uma busca por traços étnicos como fator de contraste e marcador de fronteiras religiosas. Em outras palavras, essa Nação se imagina como portadora de uma etnicidade, traduzida na expressão "somos bantos". Cabe enfatizar que esse autor utiliza o termo "(re)africanizar" (com os parênteses), na medida em que considera que as expressões "africanizar" ou "reafricanizar" sugerem que as religiões afro-brasileiras são africanas, e não uma criação brasileira.

ANGOLEIRO(A, S): Forma como os membros do Candomblé Angola são reconhecidos pelo "povo de santo" (conjunto dos seguidores das religiões de matrizes africanas).

ANGORÔ: NKISI ligado ao ciclo de evaporação da água. Há dois tipos, Angorô Mean (fêmea) e Angorô (macho), representados pela cobra. Há quem pronuncie Angorô Sindê.

CABULA: Nome de Nação referente ao culto mais plástico, com possíveis origens de Cabinda e Angola, de línguas bantas.

CALUNDUS: Laura de Mello e Souza (2021), ao traçar os significados historicamente atribuídos à palavra "calundu", encontra, nos estudos etnolinguísticos de Yeda Pessoa de Castro (citada por SOUZA, L., 2021, p. 3), a seguinte definição: "*kalundu*, obedecer a um mandamento, realizar um culto, invocando espíritos, com música e dança". Dessa definição original, o termo no Brasil passou a significar "mau humor e amuo, relacionado com *kialundu*" ou "o que recebe o espírito, de referência ao aspecto carrancudo do rosto e comportamento dos possuídos em transe pela divindade [...]" (CASTRO, citada por SOUZA, L., 2021, p. 4). "Calundu", de acordo com Laura de Mello e Souza (2021, p. 4), "é uma palavra de acepções múltiplas, ultrapassando o campo das crenças e dos comportamentos, entrando pelos humores e, em suma, pela alma, pela psique do indivíduo".

CALUNDUZEIRO: Veja **CALUNDUS**.

CANDOMBLÉ(S) DE CABOCLO: De acordo com Prandi (1996), é uma manifestação religiosa derivada da Nação Angola, cuja característica central está no culto ao ancestral indígena. Carneiro (1937, p. 21, 29) também já trazia essa afirmativa: "A sua influência [se refere aos negros bantos] se estendeu, ainda, à própria religião [...] criando os atuais 'candomblés de caboclo', tão ricos de sugestões para o estudioso da etnografia religiosa afro-brasileira. [...] A designação geral 'candomblé de caboclo' [é] empregada para indicar aqueles candomblés onde se nota, mesmo à primeira vista, pronunciadas influências bantus [...]".

CAPANGUEIRO: Segunda a definição de um sacerdote, a palavra "capangueiro" derivou-se de "capanga", que significa amigo, grande amigo ou protetor. Assim, Zé Pelintra, Preto-velho, Marinheiro e Caboclo são todos capangueiros, ou seja, mortos protetores. São ancestrais que estão ligados à família ou à origem do Brasil. Segundo Olga Cacciatore (1977, p. 82), a possível origem de "capanga" é a junção dos termos kimbundos: *ka* (meu, seu) + *pange* (irmão, camarada). Compare com Assis Júnior (1967, p. 78, 352) e Matta (1893, p. 9, 128).

CRIOULAS(OS): Termo derivado de "criar", significa "o que é criado". Começou a ser usado pelo espanhóis, no século XVI, para designar os filhos de pai e mãe europeus, mas nascidos nas colônias. Mais tarde foi adotado também para filhos de pai e mãe africanos, nascidos na diáspora. Por extensão, o termo passou a significar a criação de uma nova língua ou outro elemento cultural resultante da combinação de uma cultura estrangeira com a materna de uma comunidade.

Crioulização: Veja **Crioulas(os)**.

Dijina(s): Segundo membros da Nação Angola, significa "nome sagrado" e é talvez uma corruptela de *rijina*. No dicionário de kimbundo encontramos o seguinte significado para *rijina*: "nome ou apelido adotado na pia batismal; nome indígena dado à nascença" (ASSIS JÚNIOR, 1967, p. 341). Na concepção banta, o nome e a pessoa fazem parte de um mesmo sentido; sendo assim: "O nome, como parte constitutiva, completa a pessoa, pois explica a natureza própria do ser individual, mostra a sua realidade e descobre a sua interioridade. É um distintivo, segue a alma espiritual como a sombra segue a alma sensitiva. Encerra alguma coisa da essência pessoal, até identificar nome e ser. Faz parte da personalidade, revela da sua origem, da sua atividade, de suas relações com os outros. Pela sua origem concreta não só nomeia, mas explica. É mais que um sinal. Transforma-se numa figuração simbólica" (ALTUNA, 1985, p. 267).

Efã: Nome de subgrupo da Nação **Nagô**. Referente ao povo efã (ou efon), cujo reino ficava no atual Estado de Ekiti, no sudoeste da Nigéria. Não deve ser confundido com o povo fon (*ewe*), que originou a Nação **Jeje** no Brasil (KILEUY; OXAGUIÃ, 2009).

Fanti-axânti: Nome de Nação referente ao africanos fantis (falantes de fanti) e axântis (falantes de txi), cujos reinos ficavam na atual Gana e eram designados no Brasil pelo nome "Mina" (outro nome de Nação dado ao culto mina--jeje no Maranhão).

Guiá no Zâmbi: Expressão encontrada nos Terreiros de Angola, traduzida como "vai com Deus".

Ijexá: Modalidade de rito de Candomblé de origem iorubana, cuja presença Carneiro (1937, p. 95) verificou nos Candomblés "Afro-bantus" da Bahia.

Incisa: Esteira.

Ingoma: Atabaques.

Ingorossis: Cânticos de rezas da Nação Angola. Existem muitos ingorossis nos Terreiros, um para cada rito e, igualmente, para rememorar a linhagem da família ao qual pertence. Essa palavra pode ser corruptela de *ngolu tsi*, palavra originária do kikongo que significa força da natureza ou o ato de solicitar essa força (NGUMBA, 2016).

Insabas: Ervas e/ou folhas.

Jeje(s): Nome de Nação referente aos africanos do povo fon, cujos reinos se situavam no atual Benim e no sudoeste da Nigéria.

Kabila: Nkisi masculino ligado ao mundo vegetal. Também representa a sobrevivência na luta pela vida. Existem muitos tipos atribuídos a Kabila encontrados em pesquisa: Kaitimba, Keuala, Lananguange, Lambaranguange, Tauamim, Telecompenso, Gongojá, Kitalamungongo, Ungongobira, Bandalecongo, Mutalambô.

Kaicó: Luís da Câmara Cascudo (2012) atribuiu à palavra "kaiacó" ou "queicuó" uma origem indígena (tupi e tapuia), cujo significado seria "rio do Cuó". Isso porque esses povos identificavam rio como "quei", e "cuó" como acidente geográfico. Assim, é possível dizer que o uso da palavra "kaicó" se reveste de entrelaçamentos culturais e religiosos em que as culturas indígenas estão presentes. Se "kaicó" é traduzido pelos membros do grupo como "caminho da morte", talvez isso possa estar relacionado com o próprio simbolismo da água no Angola: o lugar da vida e da morte, da chegada e do retorno. Já a outra ideia, do passado evocado no presente, sugere a presença do Caboclo, dos ancestrais indígenas, os "donos da terra".

Kalunga: Grande mar, cemitério, nascimento, vida. No dicionário de kimbundo (ASSIS JÚNIOR, 1967, p. 89), *kalunga* possui diferentes significados, como: eminente, grande, infinito, oceano, mar, vácuo, abismo, desgraça e calamidade. E também (dependendo do contexto): morte, eminência, senhor, Deus da Morte, eternidade, uma das três deusas que fiavam e cortavam o fio da vida, o maior dos deuses, vida.

Kanda(s): O significado da palavra "kanda" foi encontrado nos estudos sobre a estrutura de funcionamento das linhagens e da organização de parentesco dos povos kongos (particularmente o grupo étnico zombo). Nesse estudo, *kanda* é o termo que identifica a matrilinhagem, e *lumbu* ou *ki*, a patrilinhagem. A kanda (clãs matrilineares), segundo José Carlos de Oliveira (2008), ao identificar o ancestral mítico, organizou a vida social e política dos povos kongos. Os termos "**Ndanji**" e "kanda" têm sido associados, por alguns Terreiros **(re)africanizados**, à família e à raiz que, em muitos relatos, são entendidos como indissociáveis.

Katendê: Nkisi masculino ligado ao mundo vegetal. Também representa o encantamento. São mais ou menos seis os tipos de Katendê encontrados nos Terreiros de Angola.

Keto: Subdivisão da Nação **Nagô**. De Keto ou Ketu, antigo reino do povo egbá (subgrupo dos iorubás).

Kibuke: Significa a Grande Sorte, o Deus da Sorte. O mesmo significado foi encontrado nos Terreiros e no dicionário de kimbundo (ASSIS JÚNIOR, 1967, p. 115, Kibúku).

Kitembo: É um **Nkisi** masculino que apresenta diversos significados. Em alguns Terreiros, trata-se de um **Nkisi** ligado ao tempo. Em outros, ligado à ventania. Seu significado no kimbundo é Grande Ventania (ASSIS JÚNIOR, 1967, p. 146, Kitembu). De qualquer forma, o mastro e a bandeira branca de Kitembo se tornaram um símbolo da Nação Angola.

Kiumba(s): Talvez essa palavra seja corruptela de *kiniumba*, que significa para os bakongos, segundo Giroto (1999, p. 146), "mortos que não fazem parte da aldeia ancestral". Em entrevista com uma sacerdotisa do Terreiro Abassá Iansã e Oxóssi, o termo "kiumba" surge no discurso associado a "um espírito sem luz", indicando outros rearranjos, possivelmente com o Espiritismo e a Umbanda.

Kota: Veja **Makota**.

Makota(s): Nos Terreiros REAFRICANIZADOS, utiliza-se Kota para se referir à sacerdotisa que cuida dos **Nkisis**. Nesse contexto, o plural de Kota seria Makota. No dicionário de kimbundo, *kota* é uma abreviação de *rikota* e significa "maior, superior" (ASSIS JÚNIOR, 1967, p. 154). Nos Terreiros menos REAFRICANIZADOS pode-se encontrar Makota (no singular), e também se trata de uma sacerdotisa que cuida dos Nkisis. Neste caso, Makota, para os membros dos Terreiros visitados, significa "pessoa muito antiga", que nasceu Makota e o Nkisi apenas a confirmou.

Mameto: A palavra foi definida, literalmente, como "minha mãe". No Terreiro, trata-se de um cargo de alto poder na hierarquia sacerdotal (Mametu D'Nkisi) responsável pelos cuidados com os **Nkisis**.

Mão de Vumbe: Rito característico da Nação Angola, mas não só, que consiste em transferir a tutela do sacerdote ou sacerdotisa falecida(o) para outro. A expressão significa ao pé da letra: tirar a mão do morto. Na explicação de um sacerdote: "o **Nkisi** se alimenta de uma mão viva porque essa mão é veículo de vida, de trocas, e passa a ser carimbada na pessoa que se inicia. A iniciação cria um elo profundo entre o pai/mãe e o iniciado, o filho. Quando o sacerdote ou sacerdotisa – pai/mãe – morre, é preciso ter outra mão com vida, senão o Nkisi não come, deixa de se conectar com a pessoa" (**Tata** Kajalacy, comunicação pessoal, 2014). Esse rito leva, segundo os interlocutores, a outros processos iniciáticos. Cabe ressaltar que um dos mecanismos de trânsitos e intercâmbios entre as linhagens e famílias se deve a esse ritual, o "tirar a mão de Vumbe".

Matamba: Nkisi feminino associado às grandes ventanias. Também se prende a cultos associados à ligação entre os mundos dos vivos e dos mortos.

Milongada(o): Expressão encontrada entre o povo de santo para se referir às Nações ou Casas de Candomblé que dialogam com diversas tradições religiosas. Significa "misturada".

M'Pemba: Nkisi da atmosfera. Representa o princípio da vida. Outro significado encontrado se refere a M'Pemba como a Grande Paz. Outro sentido possível citado por Costa (1987): na **Cabula**, "emba" era um pó sagrado feito de tabatinga (um tipo de argila cujo nome se tornou pemba), utilizado para fazer marcas no corpo do neófito e também para criar os pontos riscados. O gesto de atirar pemba ao ar só foi encontrado, na visão do autor, na Cabula (e não mais na Macumba nem na Umbanda) e significava: "cegar os profanos para que não vissem ou devassassem os sagrados mistérios. As partículas da emba no ar atingiriam os olhos dos profanos" (COSTA, 1987, p. 80). A outra função apontada por Costa (1987) é a limpeza da atmosfera para livrá-la dos "maus espíritos" incompatíveis com a natureza sagrada. Visão de que se aproximam os relatos colhidos nesta pesquisa, porém sem a ideia de "maus espíritos".

Muzenza(s): Na Nação Angola, nas palavras de meus interlocutores, significa iniciado ou iniciante no Candomblé.

Nações de Candomblé: Nome dado ao conjunto de rituais que caracterizam a religião de cada uma das "nações" de africanos trazidos para o Brasil como escravizados (CACCIATORE, 1977). Veja **Cabula, Fanti-axânti, Ijexá, Jeje, Nagô, Keto**.

Nagô: Nome de Nação referente aos africanos pertencentes a povos falantes da língua iorubá, cujos reinos ficavam na atual Nigéria e no oeste do Benim. Veja **Keto, Ijexá**.

Ndanji: Palavra originaria do kimbundo que significa "raiz" (ASSIS JÚNIOR, 1967, p. 29). Veja **Kanda**.

Nkisi(s): Nkisis são forças da natureza divinizadas (**Tata** Kalajacy, comunicação pessoal, 2014).

Nkosi: Um tipo de Roximokumbe, **Nkisi** associado aos caminhos, à guerra. Sua representação está associada à estrada e ao metal.

(Re)africanizado(s): Veja **Africaniza(r)**.

Reafricanizado(s): Veja **Africaniza(r)**.

(Re)africaniza(r), (re)africanização: Veja **Africaniza(r)**.

Reafricaniza(r), reafricanização: Veja **Africaniza(r)**.

Sirrum: Esse termo parece ser proveniente do universo religioso **jeje**, mas é amplamente utilizado em Terreiros de Angola pesquisados. Segundo Serra (2008), "sirrum" e "zelim" designam os ritos fúnebres realizados entre os Terreiros Jejes, o que os diferencia dos de **Keto**, denominados "axexé", e dos da Nação Angola, chamados "macondo" (CACCIATORE, 1977; LOPES, 2004). Descrevo neste livro o rito com sutilezas, já que o sacerdote permitiu minha participação, mas não autorizou a divulgação.

Talamessu: Veja **Taramessu**.

Taramessu: Segundo **Tata** Kajalacy, em comunicação pessoal, "o grande olho, o olho que enxerga tudo".

Tata(s): Veja **Tata de Nkisi**.

Tata de Nkisi: De acordo com os entrevistados, dentro da Nação Angola, essa expressão (frequentemente abreviada como "Tata") significa "sacerdote"; popularmente conhecido como pai de santo. No Congo, segundo José Carlos de Oliveira (2008, p. 131), *taata* também designava pai, mas no sentido de "patriarca do poder uterino". Em outras palavras, era o sacerdote tradicional, o detentor do poder religioso, e desempenhava a função de eleger os reis, bem como propagar sua autoridade. Essa palavra também foi analisada por

Slenes (1992), que identificou seu uso em rebeliões escravas no Vale do Paraíba em 1847. Nos documentos pesquisados, Slenes (1992, p. 61) encontrou a designação "tata" (*taata*) ou "tate" para os líderes de pequenos grupos de "conspiradores". Já nas descrições de Costa (1987) sobre a **Cabula**, "tata" foi encontrado como espírito da natureza. Também existe a forma "Tata de Nki", referente a um cargo de alto poder na hieraquia sacerdotal do Candomblé Angola, cuja função está voltada aos cuidados com os **Nkisis**.

Tateto: **Tateto** Sacerdote que, na hierarquia, fica abaixo do **Tata** e da **Mameto**.

Toré: Religião afro-ameríndia, típica do norte e nordeste brasileiros, muitas vezes conhecida como Catimbó. Em muitos lugares, o Catimbó também é chamado de Jurema, Pajelança, Encantaria etc. (PRANDI, 1996; FERRETTI, M., 1994).

Ungunzo: Essa palavra, encontrada nos Terreiros de Angola como força, poder, aparece num dicionário de kimbundo na forma *ngúzu*, palavra que significa faculdade de operar, se mover, valentia, poder, energia, esforço (MATTA, 1893, p. 109; comparar com ASSIS JÚNIOR, 1967, Ungunzu). Verifica-se que "ungunzo" ou "nguzu", na Nação Angola, constitui força motriz e se articula com várias e diferentes faces do rito. Muito se aproxima das definições de axé da Nação **Nagô**.

Zâmbi: **Nkisi** ligado à atmofera. O criador, Deus. Existem nove tipos e nomenclaturas encontradas para Zâmbi, entre eles Kassutenda e Gangalumbanga.

Zumbarandá: **Nkisi** da lama e das águas paradas. Ela é tão poderosa que os mais velhos nem pronunciam seu nome. A "velha", como se referem a esse Nkisi, está associada ao fim do ciclo vital. Existem 13 tipos e nomenclaturas de Zumbarandá.

PREFÁCIO

As religiões afro-brasileiras se formaram no contexto dos contatos socioculturais ocorridos quando os povos africanos foram trazidos forçadamente ao Brasil pelos portugueses para explorarem economicamente as terras tomadas dos indígenas sul-americanos. Dito dessa forma, o processo, entretanto, parece perder sua complexidade. Primeiro, porque os povos africanos só se tornaram "africanos" ao atravessarem o Atlântico no século XVI. Antes disso, formavam diferentes etnias locais de proporções não continentais. Segundo, porque os índios brasileiros não se sabiam "índios", nem "brasileiros", pois o Brasil ainda não havia sido inventado. E, terceiro, porque os portugueses, recém-saídos do domínio árabe, estavam se lançando às conquistas marítimas como um reino cristão autônomo em busca de expansão. Pode-se dizer, portanto, que, se as religiões afro-brasileiras são frutos dos encontros entre esses três "grupos", elas próprias contribuíram para a formação dos "grupos" que as geraram. E um dos elementos mediadores nesse processo é a figura do Caboclo, uma entidade espiritual que simultaneamente pode simbolizar o "nativo" autóctone indígena, o ancestral africano e o sujeito mestiço e cristianizado pelas missões evangélicas portuguesas.

O livro *Nação angola: caboclos, nkisis e novas mediações*, de Janaína Figueiredo, lança o desafio de tentar entender a construção identitária desta entidade, tendo por base um trabalho de campo realizado entre Terreiros da "Nação Angola" da Baixada Santista do Estado de São Paulo, cujos resultados foram originariamente apresentados como tese de doutorado em 2016. Baseia-se, ainda, na própria experiência da autora como filha biológica de um dos sacerdotes que pesquisa.

As "Nações" de Candomblé são instâncias identitárias que demarcam fronteiras fluidas no interior das quais se agrupam, em maior ou menor escala, alguns sinais diacríticos decorrentes da experiência das populações de origem africana. Nesse sentido, indicam uma referência de pertencimento étnico; porém, com o tempo, tornaram-se modelos de ritos que reelaboraram esse pertencimento para acolher múltiplas referências. Assim, liturgias e cosmologias associadas a saberes e práticas têm definido algumas dessas Nações. Dos cultos advindos da África Ocidental teriam se formado, no Brasil, as Nações Keto, Nagô, Ijexá, Jeje, Fanti-axânti etc. Dos povos centro-africanos, teriam se formado as Nações Angola, Congo, Cabula e, em certa medida, a própria Umbanda. Disputas entre tais modelos, muitas vezes guiadas por critérios de "pureza" ou "fidelidade" à sua suposta origem africana, teriam levado a uma hierarquização entre estas Nações e à construção de um contínuo de prestígio. Modelos tidos como mais próximos de "arranjos" nacionais (brasileiros), nos quais se cultuam entidades como Caboclos e Pretos-velhos, estariam associados ao polo tido como menos legítimo desse contínuo, e modelos nos quais se cultuam apenas os deuses africanos estariam associados ao polo tido como mais legítimo desse contínuo.

Pois bem: a novidade do livro de Janaína é problematizar esses arranjos considerando a experiência paulista da formação do Candomblé da Nação Angola e do culto ao Caboclo. Como se sabe, o Candomblé em São Paulo se formou nos anos 1960 a partir da adesão de umbandistas, inicialmente, à Nação Angola, trazida por algumas lideranças baianas. O Caboclo já ocupava um papel central na Umbanda do Sudeste. Num dos mitos de origem dessa religião, teria sido o Caboclo Sete Encruzilhadas, um espírito indígena "brasileiro", incorporado num médium espírita, que rompera com o sistema kardecista para fundar a Umbanda – um culto de valorização de entidades tidas como nacionais (Caboclos,

Pretos-velhos etc.). O Caboclo também foi um mediador importante na passagem da Umbanda para os ritos da Nação Angola, nos quais a valorização de antepassados locais como ancestrais é uma característica. Com a chegada e a valorização da Nação Keto, o Caboclo passou ser visto como sinal de brasilidade ("mistura") *versus* africanidade ("pureza"). Nessas tradições, o culto ao Caboclo torna-se periférico, quando não extinto, sobretudo nas comunidades interessadas no processo de reafricanização de suas tradições.

Porém, se o Caboclo sai pela porta dos fundos na Nação Keto, em muitas casas da Nação Angola ele tem voltado pela porta da frente, visto como elemento de contato com a ancestralidade brasileira e africana. E assim encontra seu espaço também nas tradições do chamado "Angola reafricanizado".

Enfim, nessa etnografia minuciosa de Janaína Figueiredo, somos convidados a nos debruçarmos sobre as múltiplas faces desta entidade "afro-indígena-brasileira" e a nos depararmos com os próprios dilemas de nossa identidade em constante transformação. Entidade hifenizada que simultaneamente separa e reúne, cria margens e pontes. Como diz uma cantiga:

Caboclo Flecheiro
Tu és a nação do Brasil
Tu és a nação brasileira
Auê, caboclo
Das cores da nossa bandeira.

Para o leitor, então, uma boa travessia!

Vagner Gonçalves da Silva

MEU TERREIRO, MINHA MORADA

Na pequena travessa enlameada, escondida entre uma tímida urbanização e uma vegetação pesada, e umedecida pelo charco, eis o meu Terreiro, a minha morada. Com a visão entorpecida pela pouca iluminação, sou guiada pelo mastro de Kitembo. Os largos passos me levam rapidamente à sua entrada. Defronte, a farofa e a cachaça espalhadas pela rua sinalizam mais uma festa. Ao entrar, avisto o barracão com as suas grandes janelas pintadas de azul-claro que se destacam nas largas paredes caiadas de branco. Ao invés de entrar, prefiro fazer uma caminhada ao seu redor.

Figura 1: Uma das janelas do Barracão do Terreiro Ilê N'Zambi, Caraguatatuba, 2014. Foto: Janaína de Figueiredo.

Quase como um ritual, vou beirando as janelas, todas decoradas com folhas secas de dendezeiro. Aprecio a festa pelas frestas. Do lado de fora, com o espírito hipnotizado pelo ingoma, vejo o Candomblé Angola. O chão de barro coberto de insabas de eucalipto ainda verdes; no teto, as folhas de coqueiro-indaiá enfeitam o barracão e impregnam o ambiente de um aroma difícil de se esquecer. Algumas crianças brincam do lado de fora de pega-pega; outras estão na roda e silenciam com o rigor dos mais velhos. É pela janela que observo os ritos, os códigos e os segredos. Debruçada, ora em uma, ora em outra, contemplo seus detalhes. Tateio o sagrado.

Algumas vezes me permito entrar no barracão e, sentada entre os convidados, a festa se revela sob outro ângulo. Aguardo o momento lírico da *m'pemba*. O seu sopro me liberta. Cantam para Janaína, entro na sintonia do rito e reverencio o meu Nkisi. Me jogo aos pés da cumeeira e, em seguida, do ingoma. O meu corpo se rende à entropia e sente a energia dos ancestrais. Contudo, num breve instante, hesito. E então, saio desse êxtase e volto para a janela, lá onde tudo se mostra de outra forma.

Janaína de Figueiredo

APRESENTAÇÃO

O tema deste livro está entrelaçado com minha própria trajetória de vida: filha de um Tata de Nkisi, experimentei esse universo muito cedo e para além do espaço do Terreiro. O Candomblé se manifestou nos detalhes de minha vida cotidiana. Nas narrativas míticas de meu nascimento revividas por meu nome (quase uma dijina). Também esteve presente nas contações matinais de sonhos e histórias de meu pai, nos envolvendo em uma grande epopeia marcada por meus esforços e de meus irmãos em decodificá-la. Isso sempre nos levava aos segredos do Candomblé, terreno misterioso e de pouco acesso.

As fronteiras entre o pai e o Tata eram tênues, tornando seus ensinamentos e conselhos – muitas vezes transmitidos como metáforas e parábolas – grandes lições de muzenza. Assim, minhas lembranças se moveram nas sensações que experimentei em minha infância: no aroma das insabas; na áspera – porém aconchegante – incisa; no gélido chão de barro; no som vibrante do ingoma; nas cantigas que ainda me emocionam; e nas relações afetivas e conflituosas com a família de santo.

São essas sensações que acionam minha memória, meu passado, e marcam meu encontro com este livro. Nas entrevistas feitas com os sacerdotes e sacerdotisas, meu passado se tornou vívido e experimentei aquilo que Pollak (1992) chamou de acontecimentos "vividos por tabela". Rememoro esses acontecimentos, não como parte daquela experiência coletiva, e, sim, como um subterfúgio às minhas próprias lembranças.

Nesse cenário, as armadilhas foram impostas diante das fronteiras que separam o pesquisador de seu objeto de análise. Na busca pela objetividade que os discursos científicos tanto insistem em enfatizar, lidei com as inúmeras interferências subjetivas. Contudo, na tentativa de driblá-las, percorri o mesmo caminho: ora contemplando o Candomblé do lado de fora, pelas janelas, ora do lado de dentro, compartilhando as lembranças e vivências em Terreiro.

Este livro é parte da minha tese de doutorado, intitulada *Entre portos e ritos: a memória do Candomblé Angola em Santos*, defendida em 2016. A pesquisa, realizada em Terreiros do litoral paulista, especificamente na cidade de Santos, tinha por objetivo compreender os traços que particularizavam a Nação Angola na região. As questões que permearam essa investigação consistiam nas seguintes: *O que explica a Nação Angola? Como o Angola surge no litoral e qual a sua relação com o cais?* Essas perguntas, de natureza investigativa, formaram dois eixos da tese: o primeiro, relacionado ao papel do cais na conformação de um Candomblé à beira-mar; o segundo, apontando o Caboclo como um elemento central na estrutura dessa Nação. O Caboclo se mostrou um ponto de unidade no Candomblé Angola e uma de suas chaves explicativas. Defendi o Caboclo como uma entidade dual que transita pelas Nações de Candomblé, negocia a tradição e reinventa o culto à ancestralidade no Angola. Igualmente, ele surge nos Terreiros em pares de oposição: ora como subversão, ora como cooptação.

O ponto central deste livro consiste na constatação de que a Nação Angola elegeu o Caboclo como mediador de novos discursos religiosos. A partir daí atribuem-se, como argumentarei, outros sentidos à construção da identidade dessa Nação. Parece que, no processo de reinvenção do "africanismo" (banto), o culto ao Caboclo ganha marcas distintas a depender do contexto histórico, dos atores envolvidos e das tensões que os permeiam.

Durante algum tempo, o Caboclo marcou a diferença entre as Nações de Candomblé, tornando-se um elemento definidor no processo de hierarquização entre os ritos. Como apregoava o ideal de pureza Nagô, a presença do Caboclo no Angola indicava um rito "misturado". Assim, o culto ao Caboclo colocava essa Nação em uma posição de pouco prestígio e desvirtuada daquilo que se considerava, no discurso religioso (e acadêmico), como tradição. Essa realidade se chocou com o novo contexto histórico e religioso aberto nos anos 1960 e 1970. A partir daí, sobretudo com Joãozinho da Gomeia, o Caboclo se tornou uma figura de grande importância nacional. Mesmo assim, a entidade trazia – e ainda traz – muitas polêmicas, conflitos e dissensos.

O culto ao Caboclo se prende, entre outros, ao ato de rememorar as origens de um grupo e de suas linhagens míticas. Nessa lógica, ele se insere no ciclo dinâmico que liga o presente ao passado, a vida à morte, o visível ao invisível. Argumento que, com o Caboclo, a Nação Angola organiza narrativas sobre o rito e sua cosmogonia, tentando dialogar com diferentes referências religiosas. O Caboclo se tornou um grande artífice desses encontros e, assim, mediador do processo de construção da identidade do Angola.

Atualmente, verifica-se que os Terreiros buscam o Caboclo para redefinir fronteiras e articular novos discursos. O culto aos Nkisis e ao Caboclo se inserem em narrativas sobre vida e morte. Ora o Caboclo se sobressai e é incorporado no panteão do Angola, ora fica à sua margem. Há diferentes combinações entre Caboclo e Nkisis, mostrando a diversidade discursiva dentro dessa Nação. Flagrar esse movimento significa compreender as imagens criadas sobre esse Angola.

Durante a contrução deste livro, esbarrei com algumas dificuldades. Uma delas consiste nos poucos registros históricos e etnográficos disponíveis sobre essa Nação de Candomblé. Isso mostra o quanto o modelo de pureza Nagô permeou os estudos afro-brasileiros, trazendo desdobramentos intransponíveis para a compreensão da Nação Angola. Por outro lado, as contribuições das análises sobre a África Central têm norteado os estudos não apenas sobre essa Nação, mas também sobre a presença dos povos bantos no Brasil.

Essas discussões se inserem num conjunto de debates historiográficos sobre a relação entre a África e as Américas. A partir das décadas de 1980 e 1990, observa-se, de modo geral, uma renovação de perspectivas teóricas e metodológicas com relação aos estudos africanos. Um dado modelo interpretativo sobre essas sociedades passa a considerar a relação com o mundo atlântico, entendido como um espaço de trocas e trânsitos culturais (THORNTON, 2008; LOVEJOY, 1982; GILROY, 2001).

As pesquisas voltadas à África Centro-ocidental crescem nesse período dentro dessa nova linha interpretativa (THOMPSON; CORNET, 1981; JANZEN, 1982; MACGAFFEY, 1986; SWEET, 2007; THORNTON, 2008). No Brasil, nas áreas de História e Antropologia, há uma tendência de apontar a significativa presença demográfica dos chamados povos bantos no mundo colonial brasileiro (DIAS 1984; KARASCH, 2000). Também surgem pesquisas sobre as experiências e as resistências culturais oriundas da escravidão, bem como as práticas religiosas negras, com enfoque, sobretudo, no afro-catolicismo (CUNHA, 1985; SOUZA, L., 1986; REIS, 1988a, 1988b).

Segundo Mendes (2012), essa linha temática revela uma possível relação com os estudos de J. Vansina (1989). Esse historiador, de acordo com a autora, defendeu que a África Centro-ocidental se constituía não apenas como uma área cultural, com grandes proximidades linguísticas, mas também como um espaço de partilha de uma mesma cosmologia e ideologia política. Mendes (2012) apontou a grande influência exercida por aquele historiador nas pesquisas voltadas ao universo banto no Brasil.

Apesar de considerar esses debates de extrema importância, não constitui escopo deste livro revisitá-los. Algumas questões trazidas por esses estudos serão aqui tangencialmente cruzadas com as análises a respeito do Candomblé Angola. Procuro entender como os angoleiros constroem o diálogo com essa cosmogonia banta e, igualmente, com os novos estudos sobre Candomblé. Nesse caminho, busco compreender essa difícil costura entre academia, lideranças religiosas, africanismos bantos e as disputas que isso suscita.

Nessa linha, a narrativa antropológica que aqui segue combinou entrevistas semiestrututradas com análises mais sistematizadas em dois Terreiros: Ilê N'Zambi e Unzo Mutalambô-Dandaluna. Com relação aos dados, mantive entrevistas e relatos de membros das cidades de Santos e São Vicente, obtidos entre 2011 e 2015.

De modo geral, a identificação dos interlocutores no corpo do texto obedeceu aos seguintes critérios: dijina e ano da entrevista. Nessa categorização foi respeitado o termo utilizado pelo entrevistado. Os termos "ogã" ou "cambando", "mameto" ou "mãe", entre outros, seguiram esse critério identificatório. Para alguns interlocutores, que solicitaram a não divulgação de seus nomes, foi mantido apenas o cargo desempenhado no Terreiro.

As palavras encontradas no universo de pesquisa serão aqui reproduzidas em português – apesar de muitos interlocutores terem feito questão de serem escritas como se encontra, segundo eles, na língua banta. Em alguns casos, porém, a fim de buscar traduções, recorri a dicionários de kimbundo e de kikongo, bem como a um tradutor e pesquisador dessas línguas (ASSIS JÚNIOR, 1967; MATTA, 1893; NGUMBA, 2016).

O livro divide-se em três capítulos. O primeiro compõe-se de itens temáticos que buscam flagrar as diferentes versões sobre a memória da Nação Angola, na difícil tentativa de sistematizar essas narrativas. Também propõe-se a discutir os momentos em que o Angola foi analisado dentro do campo dos estudos afro-brasileiros, assim como entre os próprios angoleiros. O Caboclo torna-se, seja nos estudos afro-brasileiros, seja entre os angoleiros, o fio dessas narrativas. Nessa discussão, problematizo a construção de uma identidade que procura sua unidade por meio do Caboclo. Por fim, apresento algumas particularidades em torno do Candomblé paulista, sobretudo na Baixada Santista. Lá, essa Nação se constrói articulada com as "Casas raízes" e no diálogo com a chamada *Umbanda de raiz*.

No segundo capítulo, analiso as narrativas sobre as duas esferas cultuadas no Angola: vida e morte. Essas últimas, como veremos neste livro, ora se opõem, ora se complementam. Tento mostrar que reverenciar a morte significa cultuar a vida. É nessa narrativa que encontramos a ponte para compreender a construção do "Caboclo reafricanizado". O Caboclo pertence ao culto relacionado à morte e à ancestralidade. Nesse caminho, deparei com a presença do Nkisi Kitembo nesse sistema religioso. Caboclo e Kitembo reverenciam a ancestralidade de maneiras diferenciadas. O foco do argumento recai sobre os rearranjos feitos pelos Terreiros na tentativa de incorporar o Caboclo às narrativas que envolvem os Nkisis.

Por fim, no terceiro capítulo recupero, brevemente, a discussão sobre ancestralidade banta, as narrativas com relação à morte e as interpretações a respeito do Caboclo no Angola. Há duas versões sobre o "Caboclo reafricanizado": uma que alia Nkisi e Caboclo, mantendo fronteiras rígidas entre essas esferas; e outra que dilui as fronteiras, reforçando e reivindicando a plasticidade da Nação.

Assim, o Caboclo flagrará neste livro diferenças e proximidades, coesões e cisões vividas pelo povo de santo do Angola. Que assim seja: *Aweto samba diá Angola!*

Janaína de Figueiredo

CAPÍTULO 1
IMAGENS DA NAÇÃO ANGOLA NO BRASIL E EM SÃO PAULO

1.1 Memória do Angola

A história da constituição do Candomblé Angola está circunscrita às fontes orais e rememoradas pelos membros dos Terreiros ao relatarem suas raízes e linhagens. Esses relatos dinamizam e vivificam a memória dessa Nação, mas trazem, igualmente, lacunas e disputas pela memória. Procurarei aqui dialogar com as narrativas orais, tentando flagrar o papel do Caboclo na constituição dessa história do Angola.

O repensar a história do Angola tem sido um fator que mobiliza muitos sacerdotes e sacerdotisas. Pode-se arriscar a afirmativa de que a *primeira geração do Candomblé Angola* se constitui por figuras africanas e pela presença de sacerdotes homens. Bastide (2001b, p. 63) assinalou essa característica nos Terreiros da matriz banta: "Embora os babalorixás sejam mais numerosos do que as ialorixás, na Bahia, eles dominam principalmente nos candomblés bantos; nos Terreiros iorubás, são ao contrário: as ialorixás que presidem a vida do candomblé [...]".

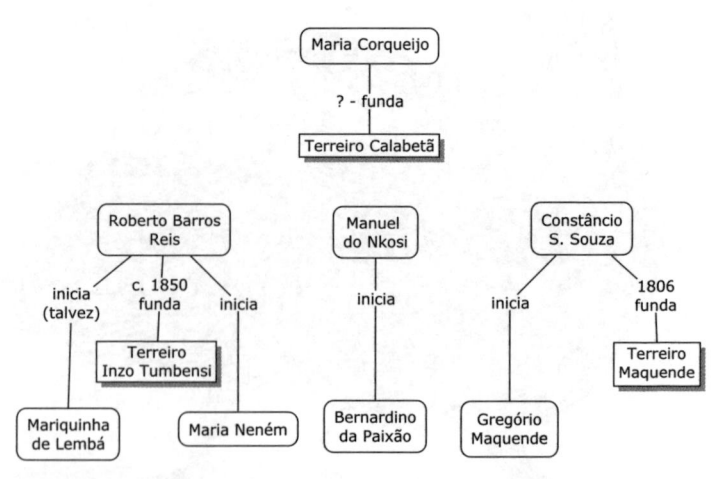

Figura 2: Representação das principais raízes oferecidas pelos interlocutores deste livro – primeira geração.

Dentro da tradição oral, Roberto Barros Reis, proveniente de Cabinda, e Manoel do Nkosi, originário do Congo, se apresentam como os primeiros Tatas do Candomblé Angola de que se tem notícia. Por vezes mencionam também Constâncio Silva de Souza, angolano. A narrativa que traz Roberto Barros Reis, Tata Kimbanda Kinunga, aponta uma pessoa escravizada vinda de Angola, cujo sobrenome "Barros" designaria a família senhorial à qual pertencia. Sérgio Paulo Adolfo (2010) parte da hipótese de que talvez esse personagem da história da Nação Angola tenha sido, ao lado de Manoel do Nkosi, calunduzeiro.

Por volta de 1850, Roberto Barros Reis fundou o Terreiro de Angola Unzo Tumbensi; Tata Kimbanda Kinunga iniciou Maria Neném que, após sua morte, herdou o Unzo Tumbensi. Essa raiz deu origem a diversas Casas, entre elas Unzo Matamba Tumbensi Neto, na Bahia.

Mas em torno das origens há muitas interpretações e dissensos. Sérgio Paulo Adolfo (2010) descreve o relato de 1984, do Xicaramungongo do Tumba Junsara (Esmeraldo Emetério de Santana), a respeito das origens da Nação Angola. Nesse depoimento, o Xicaramungongo afirmou ser a Casa mais antiga da Bahia, o Calabetã, dirigido por Maria Corqueijo Sampaio (Malandiasambe), seguida da Casa de Gregório Maquende, vindo depois a de Roberto Barros Reis.

Edson Carneiro (1937) cita, a partir das descrições do sacerdote Martiniano do Bonfim, mãe Naninha, mulher negra que mantinha um Terreiro na antiga roça do Gantois, e mãe Silvana, com a sua roça em Periperi (ambos em Salvador, BA). De acordo com esse autor, ambas dirigiam Candomblés de Caboclo e foram anteriores àqueles africanos. O autor pontua que esses Terreiros, provavelmente datados de fins do século XIX, deram origem a todos os outros Candomblés baianos. Mas não há nenhum outro registro, seja escrito ou oral, que mencione essas sacerdotisas como pertencentes à memória do Candomblé Angola. O que se pode conjecturar é que ambas as sacerdotisas não deixaram descendentes ou não pertenciam ao grupo.

Seguindo as pistas dos relatos, a segunda hipótese nos parece aqui mais acertada, na medida em que o esquecimento pode estar associado à diluição ou ao não pertencimento ao grupo, como demonstrou Bosi (2004, p. 54) na seguinte afirmativa: "A lembrança é a sobrevivência do passado. O passado conservando-se no espírito de cada ser humano, aflora à consciência na forma de imagens-lembranças [...]".

Dentro da história oral, Maria Genoveva do Bonfim, Mameto Tuenda Diá Zâmbi, conhecida por Maria Neném, constitui-se como uma das origens do Angola. Maria Neném nasceu em 1864, no Rio Grande do Sul, e depois migrou para Salvador (Bahia), onde morreu em 1945. Essa sacerdotisa parece ter sido iniciada por Roberto Barros Reis no início do século XX. Com a sua casa aberta, a Mameto iniciou Manoel Bernardino da Paixão (1881-1946), que fundou em 1916 o Terreiro Manso Banduquenquê (Bate Folha), e Manoel Ciríaco Nascimento de Jesus (1892-1965), que fundou em 1919 o Terreiro Tumba Junsara. Assim, segundo a tradição oral, cujas passagens estão parcialmente registradas em Edison Carneiro (1937), Maria Neném é apontada como uma das fundadoras de duas importantes raízes do Angola: o Tumba Junsara e o Bate Folha. Não é à toa que passou a ser intitulada pelo "povo de santo angoleiro" de *Mãe do Angola*.

Contudo, Bernardino havia sido iniciado por Manoel do Nkosi em 1919 e, segundo a tradição oral, após a morte deste, passou para Maria Neném. Atribui-se a essa sacerdotisa o ato de tirar-lhe a mão de Vumbe. Daí o surgimento, segundo os relatos, do tronco Congo-Angola, isso porque, quando Bernardino se tornou filho de santo de Maria Genoveva, sua raiz Congolesa tangenciou com a Angola. Assim, a família Bate Folha apresenta uma dupla origem: Angola e Congo (dois fundadores). No entanto, nas entrevistas observou-se que o tronco dessa família é congolesa (Muxicongo) apesar de a sua raiz ser Congo-Angola. Parece que essas demarcações são oriundas de escolhas internas e dentro do processo de identificação com determinadas referências culturais e religiosas. Há Casas cuja raiz (origem) pode ser Angola e que optam pelo tronco Congo-Angola, e vice-versa.

Edison Carneiro (1937) menciona a existência de Terreiros Congo e Angola – do mesmo modo, Congo-Angola e Muxicongo –, insinuando diferenças entre esses ritos religiosos. No entanto, não pontua quais elementos delineiam a estrutura desses Terreiros.

Os membros dos Candomblés entrevistados sugerem distinções com relação à origem linguística (umbundu, kikongo, ambundo, ovimbundo e muxicongo) e a algumas particularidades litúrgicas. Ou, ainda, a diferença na centralidade do Caboclo.

Segundo relato, nas Nações que nasceram do tronco Angola, o Caboclo é tão central que as fronteiras com os Nkisis parecem, às vezes, desaparecer (Mameto Diassu, entrevistada em 2013). Talvez seja essa uma das chaves para explicar tanto o nome Angola para a Nação como as interpretações difusas de Carneiro (1937, 2008) referentes às marcas que distinguiam Candomblé de Caboclo e Banto. Vale lembrar sua afirmação de que o único Terreiro "puro" era o Bate Folha (Congo), indicando, possivelmente, determinada forma de manipulação do Caboclo.

A *segunda geração do Candomblé Angola* – da segunda metade do século XIX até a década de 1940 – foi inaugurada por Maria Neném (1864-1945), seguida de Gregório Maquende (Gregório Silva de Souza, 1874-1934), Mariquinha de Lembá

(Maria Rufino Duarte, que morreu em 1928, em Salvador) e Miguel Arcanjo de Souza, Amburaxó (1866-1941).

Além de Bernardino da Paixão (Tata Ampumandezu) e Manoel Ciríaco Nascimento de Jesus (Lundiamungongo), já comentados, Maria Neném iniciou Manuel Rodrigues do Nascimento, Kambambe (?-1928), que permaneceu no Tumba Junsara; Dona Miúda (Francelina Evangelista dos Santos, Dialumbidi), que fundou em 1946, o Terreiro Viva Deus (MAPEAMENTO, 2021); e Edite Apolinária de Santana, Samba Diamongo, que que se tornou a mão direita de Joãozinho da Gomeia no Angola.

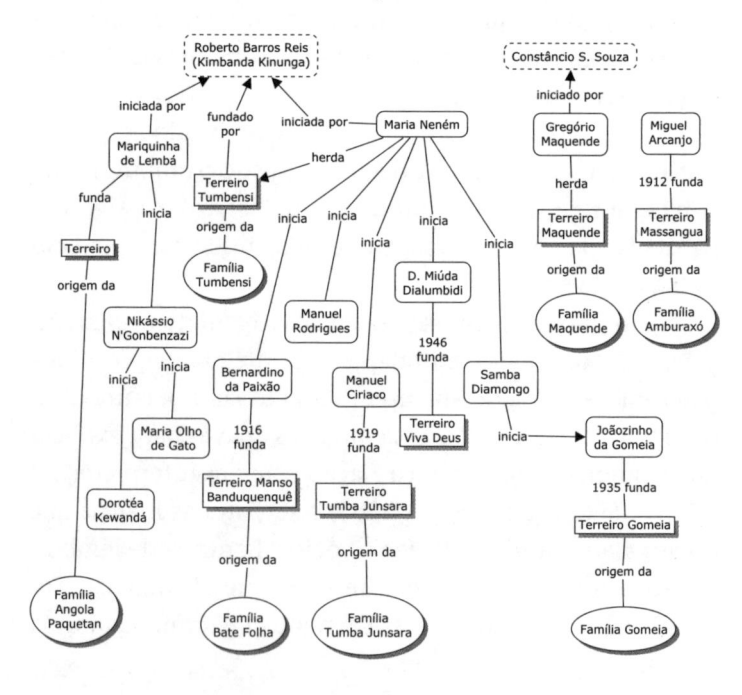

Figura 3: Representação das principais raízes oferecidas pelos interlocutores deste livro – segunda geração.

Segundo a tradição oral, Gregório Maquende, descrito como um Tata Kimbanda, herdou o cargo de seu pai Constâncio Silva de Souza. Há passagens em Carneiro (1937) que citam esse sacerdote como pertencente à Nação de Candomblé Congo. O seu Terreiro estava localizado originalmente no bairro do Cabula, em Salvador. Em seguida, foi transferido para o Jardim da Armação e, por fim, para a Ladeira do Caxundé. A sucessão, até os anos 1990, obedeceu à consanguinidade. Há quem diga (MAPEAMENTO, 2021) que a Casa de Maquende antecedeu a de Maria Neném, elegendo-a como a origem da Nação Angola.

Alguns relatos indicam que Mariquinha de Lembá (também conhecida como Dona Mariquinha) era irmã de santo de Maria Neném, mas há divergências em torno dessa versão. Essa sacerdotisa é lembrada como a fundadora do Angolão Paquetan, Nação surgida do tronco Congo-Angola. Mariquinha – provavelmente contemporânea de Maria Neném – descendia, segundo os relatos, de reis e rainhas de Angola. No Brasil, sua família se envolveu com a construção da Igreja do Rosário, no bairro do Pelourinho, em Salvador. Seu primeiro Terreiro se localizava na atual avenida Vasco da Gama, no bairro da Federação. Segundo os relatos orais, Mariquinha Lembá iniciou Nikássio Manoel dos Reis (N'Gonbenzazi) que, por sua vez, criou uma linhagem de mulheres dentro do Paquetan. N'Gonbenzazi parece ter iniciado Maria Olho de Gato (dijina desconhecida) e Dorotéa de Carvalho (Kewandá) (ALVES, 2010).

Há muitas versões sobre a origem do Angola Paquetan, bem como disputas pelas narrativas e representações atuais dessa linhagem. Nas primeiras décadas do século XXI, Tata Mutá Imê (Jorge Barreto dos Santos) se apresenta como um dos representantes dessa linhagem e dessa herança em Salvador, (ALVES, 2010).

Com relação à Família Amburaxó, os relatos indicam que essa palavra "Amburaxó" está associada ao Nkisi Kitembo (ou Kitempo) atribuído ao fundador dessa linhagem, Miguel Arcanjo. Em torno dessa figura há lacunas, incongruências e poucos registros escritos. Na tradição oral, Miguel Arcanjo de Souza, também conhecido por Massanganga, tocava um Terreiro de Candomblé Angola (alguns dizem ser de Caboclo) de Nação Amburaxó já no início do século XX na cidade de Salvador, Bahia. Esse Terreiro se chamaria Massangua e teria sido fundado em 1912 (FRANÇA, 2021). Sua história se confunde com a de Manuel Rufino de Souza, Rufino Bom Pó, um de seus filhos de santo, e com a própria história do bairro de Beiru, onde estava localizado o Terreiro. Miguel Arcanjo e Rufino Bom Pó são recordados a partir da imagem criada em torno de seus temidos feitiços com pó. A Nação Amburaxó é lembrada por uns como uma Nação pertencente ao tronco Congo e, por outros, como uma Nação mais plácida.

A *terceira geração do Candomblé Angola* – de fins do século XIX até a década de 1980 – pode ser atribuída a Bernardino Bate Folha (Tata Ampumandezu, 1881-1945), Ciríaco (Tata Lundiamungongo, 1892-1965), Joãozinho da Gomeia (Tata Londirá, 1914-1971) e Nanã de Aracaju (Mameto Manandeui, 1891-1981). Essas figuras tornaram-se também importantes troncos/raízes do Angola.

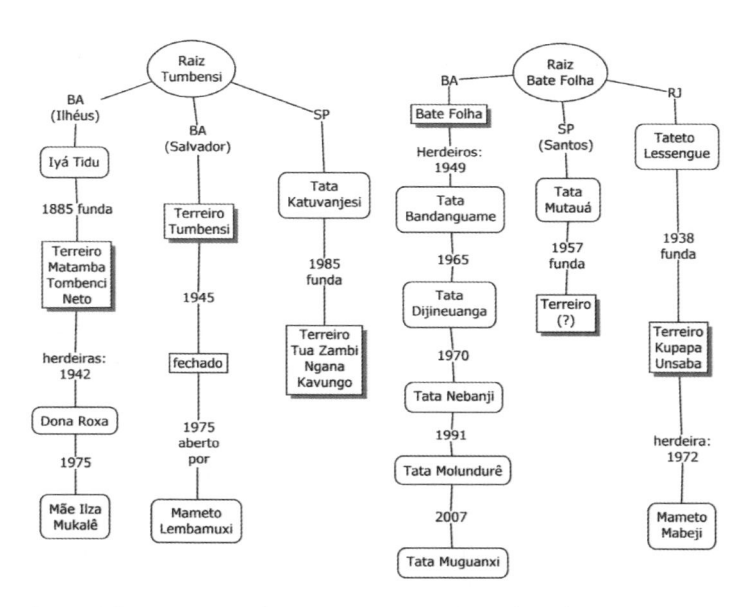

```
                    Raiz                                          Raiz
                  Tumbensi                                     Bate Folha
        BA          |                               BA           |              RJ
      (Ilhéus)      | BA              SP         Bate Folha      | SP           |
         |        (Salvador)          |              |        (Santos)          |
      Iyá Tidu      |              Tata          Herdeiros:      |          Tateto
         |          |           Katuvanjesi         1949         |         Lessengue
   1885 funda    Terreiro           |               |           Tata          |
         |       Tumbensi           |             Tata         Mutauá     1938 funda
      Terreiro      |               |         Bandanguame        |            |
      Matamba       |            1985                            |         Terreiro
      Tombenci    1945           funda           1965        1957          Kupapa
        Neto        |               |               |        funda         Unsaba
         |          |            Terreiro         Tata          |             |
    herdeiras:      |           Tua Zambi      Dijineuanga   Terreiro         |
       1942      fechado           Ngana           |            (?)           |
         |          |            Kavungo         1970                      herdeira:
      Dona Roxa     |                              |                         1972
         |        1975                            Tata                        |
       1975      aberto                         Nebanji                     Mameto
         |        por                             |                         Mabeji
      Mãe Ilza     |                             1991
      Mukalê    Mameto                            |
               Lembamuxi                         Tata
                                              Molundurê
                                                  |
                                                2007
                                                  |
                                                Tata
                                              Muguanxi
```

Figura 4: Representação das principais raízes oferecidas pelos interlocutores deste livro – terceira geração: raízes Tumbensi e Bate Folha.

O Terreiro Tumbensi de Salvador ficou fechado desde o falecimento de Maria Neném (em 1945) até 1982, quando foi reaberto sob a direção de Gereuna Passos Santos, Mameto Lembamuxi (1954-) (COSTA, 2018). Essa raiz deu origem a várias Casas. Em Ilhéus (sul da Bahia), Tiodolina Rodrigues (Iyá Tidu) fundou, em 1885, o Terreiro Aldeia de Angorô, mais tarde renomeado como Unzo Matamba Tombenci Neto, herdado em 1942 por Dona Roxa (Bandanelunga) e, em 1975, por Mãe Ilza Mukalê (MÃE, 2021). O representante da linhagem em São Paulo é o Terreiro Tua Zâmbi Ngana Kavungo, fundado, em 1985, por Walmir Damasceno (Tata Katuvanjesi), em Itapecerica da Serra (DEPOIS, 2021).

O Terreiro Bate Folha da Bahia foi herdado em 1949 por Antônio José da Silva, Tata Bandanguame, seguido por Pedro Ferreira, Tata Dijineuanga (1965), João José da Silva,

Tata Nebanji (1970), Eduarlindo Crispiano de Souza, Tata Molundurê (1991) e Cícero Rodrigues Franco Lima, Tata Munguaxi, junto com Mameto Ganguassese, a partir de 2007 (SILVEIRA, D., 2021). No Rio de Janeiro, o representante da linhagem Bate Folha é o Terreiro Kupapa Unsaba, fundado em 1938 por João Correia de Melo, Tateto Lessengue, e herdado em 1972 por Floripes Correia da Silva Gomes, Mameto Mabeji (OXALÁ, 2021). Na Baixada Santista, a linhagem é representada por Paulo do Bate Folha (Tata Mutauá), que fundou seu Terreiro em Santos em 1957 (FIGUEIREDO, 2016).

O Terreiro Tumba Junsara em Salvador foi herdado em 1965 por Maria José de Jesus, Deré Lubidi (1900-1989). Depois dela, o Terreiro foi herdado em 1994 por Iraildes Maria da Cunha (1953-), Mameto Mezoeji (IPHAN, 2021). No Rio de Janeiro, a linhagem é representada por: Deoclécio (Luemim) que, possivelmente em 1940, fundou o Terreiro Tumba Junsara no Rio de Janeiro; e também por Ricardino Gomes (1916-1988), Iné (1940?), Caxamã (1940-) e seu filho Tata Efamin (1940-).

Joãozinho da Gomeia (João Alves de Torres Filho, Tata Londirá), iniciado por Jubiabá (Severino Manuel de Abreu, 1886-1937) – pai de santo muitas vezes associado ao personagem tão conhecido na obra de Jorge Amado (2008) –, é lembrado pelos angoleiros a partir de episódios controversos, como sua iniciação e o diálogo com outras Nações (SILVA; LODY, 2002). Ao mesmo tempo, reconhece-se seu papel na divulgação e na visibilidade da Nação Angola. Com seu caboclo Pedra Preta – que tinha o nome africano de Camujupitiá (MENDES, 2014a) –, tornou-se um dos mais famosos pais de santo afro-brasileiros na Bahia, no Rio de Janeiro e em São Paulo. Com Terreiro em Salvador – BA (fundado em 1935) e também em Duque de Caxias – RJ (fundado em 1947 ou 1948), Joãozinho da Pedra Preta, como ficou conhecido, iniciou muitos filhos em várias cidades de São Paulo entre fins de 1940 e 1960, contribuindo na formação do Candomblé paulista (COSSARD, 2014; SILVA; LODY, 2002).

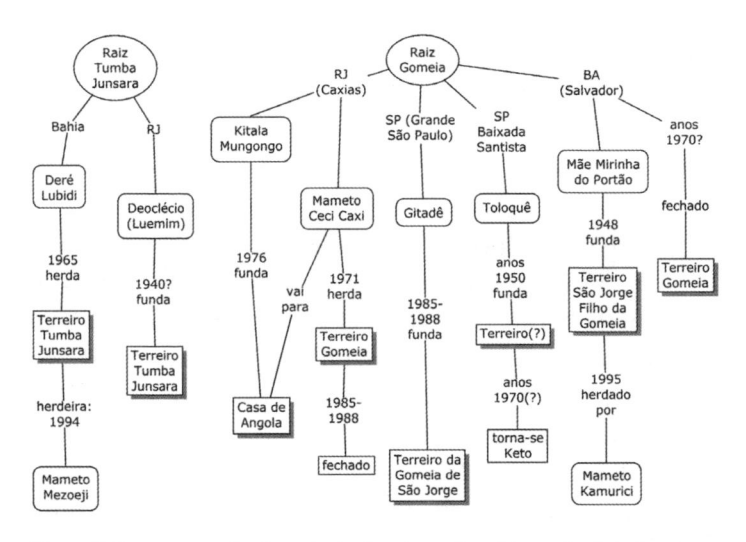

Figura 5: Representação das principais raízes oferecidas pelos interlocutores desse livro – terceira geração: raízes Tumba Junsara e Gomeia.

Nesse momento, a expansão da Umbanda no Sudeste do país difundiu as figuras do Caboclo e do Preto-velho como traços que a distinguiam tanto do Espiritismo como do Candomblé. Isso levou à aproximação com a Nação Angola, uma vez que o Caboclo desempenha, nesse rito, um papel importante na sua estrutura religiosa.

Essa vizinhança, conforme Silva e Lody (2002), ao se mover em torno do Caboclo, levou a uma dupla ação: por um lado, promoveu um distanciamento da visão purista característica dos Candomblés de rito Nagô; por outro, tornou mais plácidas as fronteiras entre a Umbanda e o Angola.

Nessa linha, Joãozinho protagonizou essas alianças e inaugurou um modelo de rito que dialogava com diferentes tradições. O lugar fronteiriço em que se moveu expressava esses jogos à procura de legitimidade. Contudo, ao dialogar com o Keto e outras matrizes religiosas, passava a ser considerado, por parte dos angoleiros, como "milongado". E, do mesmo modo, ao cultuar o Caboclo, sua Casa passava a não ser considerada pertencente ao universo religioso da Nação Keto. Aliás, a natureza lacunar da memória de suas raízes forma esse imaginário de uma família dissidente do Angola, volátil às tradições.

A título de hipótese, pode-se dizer que Joãozinho da Gomeia representava uma articulação das diferenças no interior da Nação. Com o seu Caboclo, legitimou essa entidade pouco valorizada dentro do discurso de pureza Nagô.

Nos Terreiros visitados, verifica-se que o Caboclo se constitui como um ponto de unidade entre as chamadas raízes, troncos e/ou Nações do Angola, como buscaremos argumentar neste livro. Assim, o Pedra Preta, ao se tornar o Caboclo mais famoso no triângulo Bahia, Rio de Janeiro e São Paulo, parece ter criado certa unidade e visibilidade do Angola e de sua entidade, o Caboclo.

A morte de Joãozinho em 1971 trouxe uma reviravolta na Nação Angola, como lembra um dos interlocutores da pesquisa:

> Quando seu Joãozinho morreu ficamos desorientados. Ele era um norte para a nossa Nação, mesmo não concordando com as misturas dele, mesmo não sendo da mesma raiz dele. Não sei, parece que, quando ele morreu, levou também o Angola com ele. (Tata Kajalacy, entrevistado em 2014).

Esse relato revela o momento em que a morte desse sacerdote culminou com o fim da hegemonia do Angola.

No Rio de Janeiro, Sandra Reis dos Santos (Seci Caxi) foi designada sucessora de Tata Londirá no Terreiro de Duque de Caxias logo após a morte dele em 1971; mas, como Sandra tinha apenas nove anos, desencadeou-se uma disputa pela sucessão que levou ao fechamento da casa entre 1985 e 1988, culminando com sua desapropriação em 2003 (PEREIRA, R., 2018). Em 1976, Adalice Benta dos Reis, Kitala Mungongo, filha de santo de Joãozinho, fundou sua Casa de Angola em Caxias, onde Seci Caxi (sua filha carnal) permaneceu (ISAAC, 2006).

O Terreiro Gomeia de Salvador fechou (CENTENÁRIOS, 2021). A linhagem da raiz Gomeia continuou na Bahia pelo Terreiro São Jorge Filho da Gomeia, fundado em 1948 por Altanira Maria Conceição Souza (Mãe Mirinha do Portão, 1924-1989) e herdado em 1995 por Maria Lúcia Santana Neves, Mameto Kamurici (IBERCULTURA, 2021; IPHAN, 2021). O assentamento do Caboclo Pedra Preta de Joãozinho da Gomeia foi levado para esse Terreiro quando a Casa do Rio de Janeiro foi desfeita (CENTENÁRIOS, 2021).

Sebastião Paulo da Silva, Gitadê, passou a representar a linhagem Gomeia em São Paulo, para onde, segundo a memória dos religiosos, levou os assentamentos de Tata Londirá. Essa narrativa coincide com a do fim do Terreiro Gomeia do Rio de Janeiro, quando, após o fechamento da Casa, o grupo de religiosos que lá continuava foi despejado. Nessa ocasião, a memória local diz que um religioso (que seria Gitadê) recolheu os assentamentos e levou para fora do Rio de Janeiro (SANTOS, A., 2020; PEREIRA, R., 2018). Dataria, então, de algum momento entre 1985 e 1988 a fundação por Gitadê, em São Paulo, do Terreiro da Gomeia de São Jorge (PEREIRA, R., 2015).

Na Baixada Santista, Pai Samuel (1911-1978) fundou em 1953, em Santos, um Terreiro representante da linhagem na região, que ainda existia no tempo da realização desta pesquisa (FIGUEIREDO, 2016). Regina Célia dos Santos Magalhães, Toloquê (1930, Bahia – 2006, Baixada Santista), fundou o Terreiro Axé Obioju, em Santos, nos anos 1950, e representava a linhagem até a morte de Joãozinho, tendo depois migrado para o Keto (FIGUEIREDO, 2016; PRANDI, 1991).

Ao lado de Joãozinho da Gomeia, outras lideranças importantes contribuíram para tecer a trama do Angola paulista. Uma delas é Manaunde (Julita Lima da Silva, 1935, Bahia – 2004, São Paulo), da família de Nanã de Aracaju, Manadeui (Erundina Nobre dos Santos, 1891, Bahia – 1981, Sergipe). Também se destacou, nas entrevistas, a família Bate Folha (com a figura de Tata Mutauá, em São Vicente).

Não obstante as parcas pesquisas existentes sobre Nanã de Aracaju, sabe-se que a velha Nanã constitui uma das figuras importantes do Candomblé Angola. De acordo com Beatriz Góis Dantas (2002), muitos Terreiros em São Paulo surgiram a partir dessa família.

A sua história, no entanto, se apresenta imprecisa e conta com algumas contradições entre os relatos orais aqui coletados e as pesquisas acadêmicas. De qualquer forma, parece ponto consensual que Nanã de Aracaju "é considerada a fundadora de um tronco Angola que leva seu nome: o Candomblé de Nanã de Aracaju. Esta raiz já tem muitas gerações espalhadas por todo o Brasil" (PRANDI, 1991, p. 98-99).

Segundo Florival de Souza Filho (2013), que pesquisou o Candomblé em Aracaju, Erundina Nobre dos Santos era baiana e iniciou-se em Salvador. Em outra versão da história, essa iniciação se deu em Cachoeira.

O trânsito de Nanã por Cachoeira, cidade do Recôncavo Baiano, como citou Dantas (2002), foi lembrado por um dos interlocutores desta pesquisa da seguinte forma:

> Nanã de Aracaju fez o seu santo com mãe Kissanje, do Recôncavo. Eu não sei por que isso era segredo na época. Mãe Kissanje ensinou para Nanã segredos do Ijexá. O Angola de Nanã tem uma influência do Ijexá. (Tata Kajalacy, entrevistado em 2014).

Qualquer que tenha sido o local de sua iniciação, parece certo que Nanã já pertencia ao Candomblé quando se mudou para Aracaju (SOUZA FILHO, 2013).

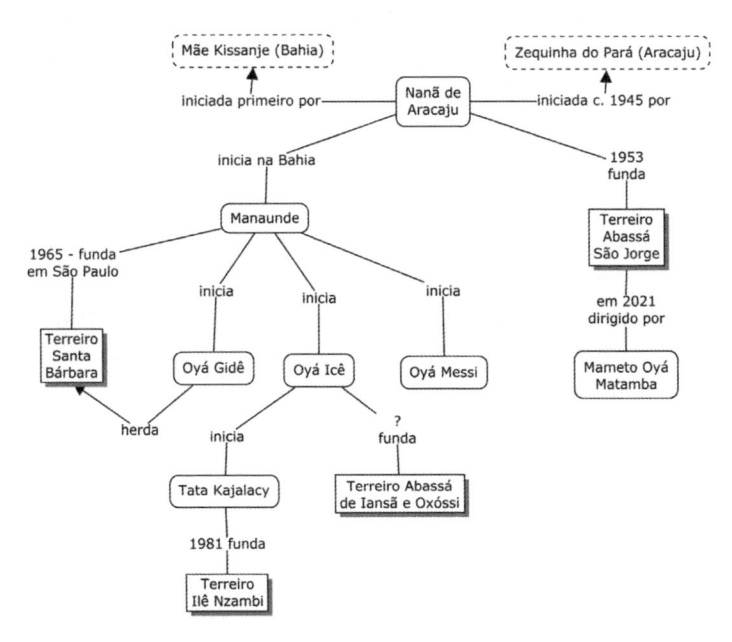

Figura 6: Representação das principais raízes oferecidas pelos interlocutores deste livro – terceira geração: raiz Manadeui.

A feitura dessa sacerdotisa está imersa em lacunas e contradições. Isso se deve aos contextos diversos que se misturam, tornando os relatos muitas vezes difusos. Contudo, há uma passagem, transcrita e analisada por Dantas (2002), que nos remete a pensar alguns elementos característicos dessa raiz:

> Zeca ou Zequinha do Pará, baiano de Alagoinhas, chega em Aracaju na década de quarenta, mais acentuadamente entre 1941/44 e se dispôs a fazer santos de candomblezeiros da época. Implantou seu Abassá no Alto João de Croa, hoje Alto Boa Vista, no Bairro Siqueira Campos. Nessa época, Erundina Nobre Santos (ou Nanã) adepta do toré recolheu-se ao seu roncó e teve orixá Oxum na nação de Ijexá. Recebeu a digina Manadeui. (OLIVEIRA, 1977, citado por DANTAS, 2002, p. 99).

Souza Filho (2013) afirma que Nanã se juntou à comunidade de Zequinha do Pará logo após sua fundação. Em 1953 ela fundou em Aracaju o Terreiro Abassá São Jorge que, em 2021, é dirigido por Marizete Lessa (Mameto Oyá Matamba).

Nos depoimentos, o entrecruzamento do Ijexá com o Toré aparece como ponto estruturante da raiz de Nanã (ou Manadeui, como muitos informantes a chamam). Essa placidez entre Ijexá, Toré e o Angola são rememorados pelos angoleiros a partir de cantigas e ingorossis.

Na perspectiva de Dantas (2002), com o Toré local, Nanã se firmava em torno do seu Preto-velho, chamado Pai João; com o Ijexá, na sua feitoria; e o Angola se abria como um negociador entre o Caboclo e o culto iniciático:

> [...] num campo em que as fronteiras não são dadas objetivamente, e sempre foi muito difícil delimitá-las, a estratégia de Nanã foi de soma e não de substituição. Ao Ijexá, nação na

qual fez sua cabeça, ela acrescenta o Angola e isso sem abrir mão dos caboclos que festejava em seu antigo toré, e do preto velho que exigiu que ela abrisse um centro e que nunca deixou de cultuar. Pai João fazia parte de sua história, estava incorporado à sua vida. Com ele fizera trabalhos importantes que lhe garantiram o acesso a muitos bens. Assim foi que constituiu seu perfil de uma mãe plural. (DANTAS, 2002, p. 103).

Nas vozes dos angoleiros entrevistados, essa linhagem não é considerada como milongada (misturada). Isso traz certos vazios explicativos, pois nos parece que essa plasticidade de Nanã de Aracaju se assemelha muito à de Joãozinho da Gomeia. Contudo, ambos são diferenciados pelo grupo.

Nanã de Aracaju se tornou uma referência junto a Joãozinho da Gomeia e à Casa do Bate Folha. Nessa interface triangular, o Angola se expandiu fincando raízes em São Paulo e no litoral paulista. A linhagem de Nanã Manadeui se fortaleceu no momento de expansão do Angola e se fixou em São Paulo, como veremos ao longo deste livro, a partir de uma de suas filhas, Julita Lima da Silva, Manaunde (1926, BA-2004, SP), iniciada por Manadeui quando esta ainda morava em Salvador e que, em 1962, fundou o Terreiro Santa Bárbara em Brasilândia, bairro da cidade de São Paulo (SOUZA FILHO, 2013).

Manaunde iniciou, entre outros, Pulquéria Albuquerque, Oyá Gidê, que em 2014 herdou o Terreiro Santa Bárbara; Cenira Santos, Oyá Ice, que fundou o Terreiro Abassá de Iansã e Oxóssi; e Celina, Oyá Messi, que permaneceu nesse Terreiro. Oyá Ice iniciou Ataualpa de Figueiredo, Tata Kajalacy, que representa a linhagem de Nanã no litoral paulista, tendo fundado, em 1981, o Terreiro Ilê N'Zambi.

Após esse momento de auge e crescimento do Angola, sua queda marcou a entrada da Nação Keto na cena do

Candomblé paulista e, desse modo, no litoral. Nos anos 1980, porém, a Nação Angola passou a reivindicar novamente uma posição de destaque nesse cenário. O movimento de reafricanização parece ter despertado a possibilidade de uma Nação sem divisões, mais coesa. Agora a categoria "banto" se torna um fator identificatório para o grupo: "Eu sou banto, filha, essa é a minha história, minha origem" (sacerdote entrevistado em 2014).

Atualmente, o "povo do Angola" busca uma unidade em torno da ressignificação da identidade religiosa banta. A língua assume aí novamente seu papel de demiurgo, e as "raízes de santo" são convocadas em nome da tradição, aliada ao discurso de pureza. Tanto uma como outra alimentam cisões no grupo que pretende, de forma paradoxal, uni-las.

Nessa dinâmica, os angoleiros estabelecem alianças ao longo da história com seus pares, Nações e tradições acadêmicas. Ora incorporando debates acadêmicos, ora oferecendo material para esse campo de estudos. Verifica-se um movimento de disputas, negociações, conflito na difícil tarefa em responder: o que é a Nação Angola?

1.2 Estudos sobre o Candomblé: a Nação Angola

Na tentiva de atribuir algumas definições para o Candomblé Angola, ainda que provisórias, esbarramos com poucas fontes etnográficas que possam ampliar o entendimento sobre essa Nação. Por outro lado, essa escassez pode explicar, em parte, a forma como esse rito se inseriu nos debates antropológicos no Brasil. Assim, neste item problematizaremos a relação entre o Caboclo, o discurso purista e o lugar marginal construído para essa Nação no campo dos estudos afro-brasileiros.

Desde fins do século XIX, o negro se tornou objeto de estudo etnográfico da ciência antropológica que começava a se formar no Brasil. O interesse por esse segmento da população levou à criação e à consolidação de um campo de estudos em que as religiões afro-brasileiras, em particular o Candomblé, se tornaram ponto de partida e chegada para a recém-criada antropologia (SILVA, V., 2002).

É possível dizer que as pesquisas sobre o Candomblé, iniciadas com Nina Rodrigues em fins do século XIX, se apresentaram a partir das seguintes lentes analíticas: ora como "sobrevivências" das culturas africanas originárias (RODRIGUES, 2010; RAMOS, 1951; CARNEIRO, 1937), ora como manifestações de traços culturais de um sistema religioso africano, diluídos no Brasil (HERSKOVITS, 1960; RIBEIRO, R., 1952); ou ainda como expressão de um pensamento africano "puro" e preservado no Candomblé (BASTIDE, 1971a, 1971b; SANTOS, J. E., 1977).

Essas matrizes teóricas se constituíram como linhas que orientaram muitas análises que procuravam definir e compreender a estrutura das religiões afro-brasileiras. Uma das questões centrais que permeavam a reflexão sobre essas religiões consistia em identificar o movimento entre continuidades e/ou rupturas com a África.

As teses que defenderam a continuidade de um africanismo encontraram no culto Nagô um modelo de tradição e resistência. Nessa perspectiva, a tradição é concebida como algo que não se transforma, pressupondo que "o significado dos traços culturais é determinado por sua origem" (DANTAS, 1982, p. 1-2). Essa interpretação, assumida também por membros do Candomblé, elegeu para o campo de estudos afro-brasileiros o culto Nagô como uma referência teórico-metodológica e, com isso, estabeleceu certos padrões de hierarquização entre os Terreiros considerados tradicionais e os não tradicionais.

Dentro dessa linha, a Umbanda, a Macumba, os Candomblés de Caboclo e a Nação Angola foram não apenas excluídos das pesquisas etnográficas, mas também estigmatizados, pois se afastavam do modelo de pureza Nagô. Essas manifestações religiosas passaram a ser consideradas, dentro do campo de estudos afro-brasileiros, como sincretizadas, "impuras" e "degeneradas". O Caboclo se tornou, nesse contexto, um marcador importante na classificação criada para distinguir e dividir o Candomblé em dois polos: aquele considerado de tradição africana (associado à matriz Jeje-Nagô) e o "misturado" (relacionado ao universo banto). Essa divisão elegia o primeiro como modelo tradicional e puro de Candomblé.

Muitos pesquisadores (DANTAS, 1982; MATORY, 1998; MAGGIE, 2001; CAPONE, 2004; PARÉS, 2007) já analisaram o fenômeno comumente denominado nagocracia, definido, *grosso modo*, como uma forma de supervalorizar o culto Nagô, considerando-o polo de resistência e manutenção das tradições e dos valores africanos.

É possível dizer que a nagocracia se afigurou como formas vestigiais do paradigma evolucionista predominante no contexto intelectual dos anos 1930 e 1940. Amiúde, segundo esse pensamento, as sociedades se desenvolveriam a partir de uma lei geral que traçaria um único trajeto de evolução. Os ritmos e graus de desenvolvimento determinariam diferentes resultados, impondo uma classificação entre os povos e/ou as sociedades que estavam no ápice evolutivo da escala e abaixo dele (FRAZER, 2004; MORGAN, 2004).

Transpondo ao terreno dos estudos afro-brasileiros, é razoável supor que havia aproximações com esse paradigma, na medida em que o modelo Nagô (ou Jeje-Nagô) se mostrava como referência de pureza ("evolução"), com leis gerais que determinavam um caminho unidirecional e, ao mesmo tempo, dividiam as religiões afro-brasileiras em puras ("evoluídas") e não puras ("não evoluídas").

Segundo Parés (2007), o processo que levou à supremacia Nagô pode ser explicado tendo em vista os fatores internos e externos inerentes a certos contextos históricos. O autor identifica, no período pós-abolição, uma proliferação dos Terreiros de Candomblé na cidade de Salvador e no Recôncavo Baiano, liderados, sobretudo, por mulheres mestiças. Esse *boom* estava associado a um duplo processo: primeiro, à marginalização da população negra e sua busca por espaços de sociabilidade encontrados, especialmente, no Candomblé; segundo, ao vazio criado pela morte de muitos velhos africanos, levando a uma maior mitificação da África. Essa idealização criou e/ou reforçou fronteiras entre as diversas matrizes religiosas (PARÉS, 2007).

Matory aponta que o movimento em direção a essa busca pela África, conhecida por africanização do Candomblé, estava ligado, nesse momento, ao:

[...] esvaziamento para os afro-brasileiros do exercício de sua cidadania plena na hierarquia política brasileira, o que os levou a reivindicar uma cidadania paliativa e o seu pertencimento a algum imaginário e distante outro-mundo, a "África". (MATORY, 1998, p. 267).

Desse modo, em fins do século XIX, a retomada da África se tornou uma forma de legitimar algumas Casas de Candomblé. A partir daí, a africanidade se configurou como um mecanismo de reafirmação identitária e, ao mesmo tempo, um elemento que dividiu as práticas religiosas entre as africanas e as não africanas (crioulas). O jogo entre as Casas de Candomblé se moveu por essa busca de uma África mítica e perdida na diáspora.

Outros fatores de ordem externa também podem explicar a ascensão do culto Nagô a uma posição privilegiada, tanto dentro dos estudos afro-brasileiros quanto no campo das disputas entre os Terreiros. Parés (2007) descreve o contexto histórico que propiciou uma visibilidade maior da identidade iorubana.

Sua análise pontua a conjunção de dois eventos, a saber: 1 – a criação, pelos colonizadores britânicos – durante o tráfico de escravos –, da ideia de superioridade dos iorubás em relação aos outros povos africanos. Essa representação gerou e alimentou certo "nacionalismo cultural" entre os iorubás, perceptível em fins do século XIX, cujo acontecimento ficou conhecido como Renascença de Lagos; 2 – a comunicação e o trânsito contínuos entre África e Bahia – motivados, seja por relações econômicas, seja por uma busca de saberes religiosos –, que contribuíram para divulgar essa "raça-nação iorubá" no interior dos Terreiros de Candomblé. Também conferiram prestígio e legitimidade àqueles que retornavam "africanizados" (PARÉS, 2007).

Matory (1998) igualmente analisa o fluxo de "viajantes e/ou reingressados" pelo Atlântico na virada do século XIX para o XX, argumentando que a comunicação entre Bahia e África (particularmente, entre as cidades de Lagos e Salvador) criou uma cultura transatlântica centrada na ideia de uma supremacia iorubá (ou nagô). Segundo Matory (1998), esse trânsito revivificava a África no Brasil, construindo e ressignificando a ideia de africanidade e pureza. Nas suas palavras:

> Essas são as memórias da África proeminentes na Bahia durante a primeira metade do século XX. Estas memórias não são da cultura ancestral e "puramente" africana que as vítimas da escravidão nas Américas cultivam resquícios para reter, conservar e preservar. São memórias baseadas em vivências, lembranças e fotografias de uma classe de africanos ilustrados, viajados que – e este é o meu argumento central – ajudaram a criar uma "cultura yorubá", estabeleceram seu prestígio no perímetro do Atlântico e a canonizaram como um padrão clássico de cultura africana no Novo Mundo". (MATORY, 1998, p. 271).

Seguindo essa linha, Matory (1998) defende o papel dos africanos e de seus descendentes na construção da pureza Nagô que se enraizou no processo de formação do Candomblé na Bahia. Importante destacar que essa construção ocorreu em um contexto geopolítico que extrapolava as fronteiras do Brasil, percorrendo os trajetos transatlânticos.

Assim, tanto Matory (1998) como Parés (2007) flexibilizam a importância dada ao papel dos intelectuais na construção de uma supremacia Nagô, como defendeu Beatriz Góis Dantas (1982). Parés (2007) argumenta que os Terreiros como o do Gantois já estavam legitimados como um espaço puro e tradicional antes mesmo das pesquisas realizadas por Nina Rodrigues. É inegável a relação entre os intelectuais e os adeptos do Candomblé na sistematização do discurso de pureza. No entanto, Parés (2007) defende que os intelectuais se apropriaram e manifestaram algo já existente.

Pode-se afirmar que um dos desdobramentos do discurso ideológico de pureza Nagô se deve à pouca atenção, por parte dos pesquisadores, dada à Nação Angola. Algumas passagens em Nina Rodrigues ou em Roger Bastide demonstram a invisibilidade dessa Nação nas pesquisas acadêmicas (RODRIGUES, 2010; BASTIDE, 1971a, 1971b).

Edison Carneiro, no entanto, entre os intelectuais dos anos 1930 e 1940, se mostrou empenhado em pesquisar o Candomblé Angola. Em *Negros bantus*, Carneiro (1937) partiu de duas premissas: a primeira consiste em afirmar que os povos bantos se desligaram de suas tradições, cujos fragmentos – ou sobrevivências, segundo o autor – se encontravam sutilmente no Candomblé Afro-banto (expressão utilizada por Carneiro para se referir aos Terreiros e Nações que gravitavam e se identificavam como pertencente à matriz banta) e fortemente no folclore negro baiano.

Já a segunda, inspirada nos moldes do nagocentrismo, parte da constatação de que o Candomblé Angola e o de Caboclo são formas sincretizadas (ou misturadas) com as tradições católica, ameríndia e Jeje-Nagô. O modo como esse autor discorre sobre esse sincretismo revela a marca negativa atribuída às manifestações religiosas bantas. De acordo com sua análise, os povos bantos não possuíam um nível de abstração capaz de criar uma estrutura mítica. Isso os teria levado a uma "imitação servil" do modelo Jeje ou Jeje-Nagô (CARNEIRO, 1937).

Dessa forma, "mistura e imitação" constituem, para esse autor, aspectos que formariam o Candomblé Angola. Nessa linha, o Caboclo representaria o sincretismo e o distanciamento das tradições "puras" trazidas pelos bantos para o Brasil.

Todavia, apesar desse traço hierarquizador – que classificou as contribuições africanas em superior e inferior, elegendo como padrão de referência o Nagô –, é possível notar algumas passagens da obra que apontam elementos importantes para refletirmos sobre algumas particularidades da Nação Angola. No entanto, compreendê-las significa trazer também as incongruências presentes nas análises de Carneiro (1937). Este autor diferencia o Candomblé de Caboclo do Afro-banto, considerando o primeiro uma mistura de tradições e o segundo, uma manifestação pura que deixou de existir. Segundo o autor, o único Candomblé Afro-banto existente na sua época era o Bate Folha (ou Mansu Banduquenqué), Terreiro de Candomblé da Nação Angola situado em Salvador (Bahia) e fundado em 1916 por Manoel Bernardino da Paixão (1881-1956, Salvador). Consta na tradição oral que Bernardino foi iniciado – juntamente com Mariquinha de Lembá (Maria Rufino Duarte), também conhecida como D. Mariquinha ou Mariazinha – pelo muxicongo Manoel do Nkosi. Carneiro (1937) considerou o Bate Folha como um Terreiro Congo.

Essas constatações se mostram contraditórias ao longo da obra, nos levando a uma pergunta que merece atenção: será que o Candomblé de Caboclo não seria uma generalização para todas as manifestações religiosas consideradas não tradicionais (não puras)?

Carneiro (1937, 2008) não explica claramente as diferenças entre o Candomblé de Caboclo e o Afro-banto, mas é possível identificar, em suas descrições, que o que ele chama de Candomblé de Caboclo, em muitos casos, era Angola. O próprio autor afirma que o Candomblé de Caboclo constitui uma denominação geral para indicar Terreiros cujas "pronunciadas influências bantas", associadas ao culto do Caboclo, são verificáveis.

A segunda passagem da obra passível de reflexão está voltada à sua visão sobre a natureza imitativa e sincretizada do Candomblé de Caboclo (dito Angola). Ao mesmo tempo que Carneiro (1937) afirma essa "imitação servil" do modelo Jeje, também indica a presença de brechas nessa estrutura religiosa, revelando, em sua concepção, uma herança (ou sobrevivência) afro-banta.

Essa afirmação de que o Candomblé Afro-banto adotou o modelo Jeje-Nagô permaneceu por muito tempo nos estudos sobre a Nação Angola. Se é possível, como veremos ao longo deste livro, uma aproximação entre as Nações de Candomblé, isso não se deu de forma mecânica ou estática. Ao contrário, se caracterizou como um processo dinâmico e multidirecional.

Assim, pode-se dizer que nesse movimento houve, por parte do chamado Candomblé Afro-banto, uma espécie de angolização de certas tradições religiosas. Forma criativa e inventiva que norteou, ao longo da história, apropriações e diálogos com as diferentes tradições religiosas afro-brasileiras. Daí reconhecer que não se caracteriza como uma simples transposição de um culto para o outro, e, sim, como processos simultâneos de rupturas e continuidades que se moveram ao sabor dos contextos culturais e de certas relações de poder. Os debates na área da antropologia dos anos 1980 e 1990 já anunciavam a impossibilidade dessa transposição mecânica. Herskovits (1990, p. 225) explicitava:

> [...] é sempre conveniente lembrar que os empréstimos nunca foram obtidos sem a consequente mudança na coisa emprestada e, além disso, sem incorporar elementos originados nos

novos hábitos que, tanto quanto qualquer outra coisa, deram à nova forma o seu caráter distintivo.

Essa citação foi complementada por Mintz e Price (2003, p. 113): "[...] 'empréstimo' talvez não seja o que melhor expressa a realidade: é possível que a 'criação' ou 'remodelação' sejam mais exatos".

Isso nos leva a afirmar, como Sahlins (2004), que os diálogos culturais não devem ser vistos como "deculturação", mas, sim, como uma reinvenção da tradição. Nesse contexto, a tradição torna-se "inventada". Nas palavras de Sahlins (2004, p. 525):

> Digo inventando porque a resposta pode ser totalmente improvisada, algo que nunca se viu nem se imaginou antes, e não apenas uma repetição reflexa de costumes antigos. A tradição, nesse caso, funciona como um padrão pelo qual as pessoas medem a aceitabilidade da mudança [...] A continuidade cultural, portanto, aparece na e como a forma de mudança cultural. [...] Tradicionalismo sem arcaísmo.

Este livro parte do interesse em compreender a sincronia e a coexistência dos processos de continuidade e descontinuidade no movimento de ressignificação (ou invenção) dos africanismos. Isso implica considerar o poder de negociação e as estratégias lançadas pelos atores no diálogo com os diferentes contextos culturais, sociais e políticos. Esse pressuposto se distancia das interpretações que elegem a relação dicotômica – dominação *versus* dominados – na explicação do fenômeno religioso e/ou cultural.

A primazia nas ações e táticas sociais, por um lado, e o enfoque na forma como os significados culturais são construídos por esses atores sociais, por outro, constituem dimensões teóricas importantes para analisar o fenômeno religioso. Isso porque a religião, como destaca Geertz (2011), está tangenciada pela cultura, ou seja, emaranhada por um corpo de símbolos e significados produzidos pelos próprios homens e mulheres. Nessa lógica, a religião traduz múltiplos processos pelos quais os humanos dão sentido à sua existência e se mobilizam para determinadas ações sociais.

A verificação anterior nos leva a uma dupla assertiva: a primeira reconhece o campo em que as distintas Nações de Candomblé dialogam e trocam experiências, reinventando-as de acordo com seus processos internos. Já a segunda aponta para o diálogo entre essa estrutura (formado pelas diferentes Nações) e as demais referências culturais exteriores. A dinâmica das relações e dos processos que decorrem desses encontros dá o tom ao movimento da mudança cultural.

Nesse sentido, parece lícito dizer que há algo que une as diferenças entre as Nações de Candomblé e, ao mesmo tempo, cria fronteiras entre elas, como defendeu Giroto (1999). Se as proximidades entre as Nações revelam uma esfera movida por sentidos e significados que lhes são inerentes, reivindicam-se, ao mesmo tempo, aspectos para demarcar suas linhas balizais. Essas são muito ligadas às formas de reinterpretar a África, como selecionar determinados componentes culturais para criar fronteiras identificatórias do grupo.

Isso nos leva a outro foco deste livro, que pode ser traduzido a partir das seguintes indagações: Como a Nação Angola selecionou e reinterpretou o chamado africanismo banto durante a sua história? Qual o sentido dado pelos interlocutores deste livro a esses limites fronteiriços na atualidade?

Essas questões, como veremos, estão associadas à figura do Caboclo. O Caboclo se revela, segundo argumentaremos, como uma das chaves explicativas para entender a estrutura religiosa da Nação Angola. Esteve presente nas análises sobre essa Nação como uma figura que sempre demarcou as fronteiras. Igualmente, para muitos angoleiros tornou-se um "guia", uma marca, no jogo de diferenciação e construção identitária.

Algumas pesquisas mais recentes percorreram esse trajeto (COSSARD-BINON, 1970; GIROTO, 1999; BOTÃO, 2007; PREVITALLI, 2012), trazendo elementos novos para compreender o Candomblé Angola. No entanto, o Caboclo ocupou um espaço secundário em tais interpretações, centrando-se, muito mais, nas comparações entre o culto Nagô e o Angola, bem como na relação entre a presença histórica dos bantos e o surgimento do Candomblé Angola.

Previtalli (2012) buscou analisar o processo de construção da identidade do Candomblé Angola paulista realçando um duplo movimento, a saber: o enfrentamento, por parte dos angoleiros, dos pressupostos da supremacia Nagô, e as disputas que isso desencadeou no campo religioso afro-brasileiro. A autora defendeu a existência de um tipo de Candomblé Angola em São Paulo, cuja natureza híbrida o constitui. Entretanto, apontou a autora, essa característica hibridizada não se impõe mais como elemento identificatório, desencadeando, nas últimas décadas, uma crise identitária. Nesse novo contexto, o discurso de pureza passa a ser apropriado para recriar essa (nova) identidade do Angola.

Nessa linha, Previtalli (2012) mapeou Terreiros que dialogam com a Nação Keto e o chamado sincretismo afro-católico, como as Casas originadas da raiz de Joãozinho da Gomeia e de Manaunde, bem como Terreiros que buscam a pureza do rito. Contudo, a abordagem tornou-se mais descritiva, daí a lacuna interpretativa existente sobre os significados desses discursos e práticas. O próprio movimento de reafricanização deixa de ser notado nesse contexto analítico. No esforço em apontar essa divisão do grupo, não ficam explícitos os motivos conjunturais pelos quais isso ocorreu. Ademais, a persistência em afirmar que a lógica híbrida traz diferenças e semelhanças entre as Nações de Candomblé Angola e Keto não ficou muito evidente nas análises etnográficas.

Todavia, o texto, apesar de alguns vazios explicativos no que tange à proposta de análise da autora, traz pistas importantes para a compreensão da Nação Angola em São Paulo. Uma das perspectivas nas quais contornam a sua abordagem consiste em defender, a todo momento, a hibridez dessa Nação. Defende a autora que essa característica passa a se chocar com as novas formas de repensar o Angola trazidas pela crise de identidade, resultando em muitas interpretações e práticas dentro de Terreiros identificados como pertencentes à matriz Angola. O Caboclo surge tangencialmente nessa pesquisa, especificamente dentro das comparações com a estrutura ritual do Keto.

Em contrapartida, se Previtalli (2012) tem como foco as tensões e disputas no campo religioso, Giroto (1999) minimiza o papel dos conflitos e dissensos, optando por análises mais generalizantes e dicotômicas. De modo que as Nações Keto e Angola se tornam religiões negras de resistência à "dominação branca e ocidental".

Em *O universo mágico religioso negro-africano e afro-brasileiro: bantu e nagô*, Giroto (1999) traçou um percurso analítico que parte da África em direção ao Brasil, indicando, por um lado, a presença de elementos culturais comuns às sociedades negro-africanas analisadas, e, por outro, a permanência relativa dessa unidade na formação do Candomblé. Daí por que enfatizou, ao longo do texto, o jogo das proximidades e diferenças culturais, tanto entre as sociedades africanas como também entre as Nações de Candomblé no Brasil.

Para compor sua análise, Giroto (1999) se norteou por narrativas históricas, procurando dar forma às seguintes temáticas: 1 – os contatos culturais entre os vários grupos africanos ao longo da história; e 2 – como esses contatos criaram certa unidade dentro de um contexto cultural tão diverso. Esses temas constituem o núcleo argumentativo em que o autor analisa as contiguidades tanto entre as sociedades africanas iorubanas e bantas quanto entre as Nações de Candomblé. Defende ainda a presença de elementos culturais comuns compartilhados pelos povos africanos e, no Brasil, pelas chamadas religiões negras.

A contribuição das reflexões de Giroto (1999) para a área de estudos das religiões afro-brasileiras está localizada na ideia de um núcleo comum entre as Nações Keto e Angola (ou cultos Nagô e Banto no Brasil) – algo já identificado por Edison Carneiro (1937). Essa hipótese atravessa os debates do período e incide diretamente sobre a revisão de uma suposta hegemonia Nagô na detenção do patrimônio africano.

O vértice que fundamenta sua análise está na afirmação da existência de uma "unidade na diferença e a diferença na unidade". A partir daí, o autor identifica fronteiras muito tênues entre as Nações de Candomblé, sobretudo com relação às Nações Angola e Keto. É como se o Candomblé – analisado como uma religião negra que resistiu à escravidão e portadora de uma visão de mundo particular – se constituísse como um espaço de unidade para os fragmentos perdidos. E nesse espaço as diferenças entre as Nações não fariam sentido.

É preciso destacar que, não obstante as proximidades entre as Nações de Candomblé, defendidas pelo autor e também observadas nos relatos dos interlocutores deste livro, cabe enfatizar quão importante é para os angoleiros, atualmente, a delimitação das fronteiras entre as Nações, para a construção de suas identidades coletivas.

Assim, se por um lado Giroto (1999) sustenta a existência de diálogos entre as Nações de Candomblé; por outro, tenta defender o papel e a importância dos bantos nesse cenário. Na sua abordagem, a chegada e a preponderância numérica desses povos no início da colonização brasileira criaram visões de mundo que se arraigaram no imaginário popular negro, originando as bases estruturais para a formação do Candomblé.

O número de africanos centro-ocidentais na Bahia era menor em comparação com os do sudeste do continente. Florentino, Ribeiro e Silva (2004, p. 94-95) mostram que os negros escravizados vindos da África Central e desembarcados em Salvador, entre 1776 e 1810, giravam em torno de 29%. No período seguinte, 1811-1824, passaram para 59%. Apesar desse número ser menor com relação aos outros grupos étnicos africanos, há que se considerar esse significativo contigente de centro-africanos na Bahia e suas marcas deixadas no universo cultural afro-brasileiro.

Nessa linha, Giroto (1999) cita os calundus e os folguedos como indícios de um protocandomblé de matriz banta verificável já no fim do século XVII. Segundo ele, os folguedos constituíram-se em momentos "geradores de novos processos culturais".

Cabe ressaltar que a análise dos calundus resultou em vários debates, que de certa forma problematizavam as reflexões em torno do protagonismo banto na formação do Candomblé e, ao mesmo tempo, mostravam as tensões e disputas que envolvem ainda as origens históricas dessa religião.

Outras pesquisas atuais sobre o Candomblé Angola (AMIM, 2009; MACHADO, 2015; MENDES, 2012) procuram enfatizar a relação entre a cosmogonia banta e a estrutura interna da Nação Angola. Neste caminho, buscam apontar sinais diacríticos que destacam as diferenças em relação a outras Nações e a sua vinculação com uma possível tradição banta. Observa-se um diálogo das tradições e discussões acadêmicas com as demandas dos interlocutores em reafirmar uma identidade banta. Diálogos, trocas e tensões permeiam a busca pelo entendimento desse africanismo banto no Candomblé.

1.3 De malungos a angoleiros: a identidade banta

O processo de construção de identidades étnicas dos africanos trazidos violentamente para o Brasil contou com uma série de elementos, dos quais alguns giraram em torno da ideia de *Nação*. Esse termo teve diferentes usos e sentidos em todo o período colonial e imperial da história brasileira e passou a pertencer a diversos arranjos teóricos.

De acordo com Parés (2007), durante o tráfico de escravos, a classificação e nomeação da diversidade étnica e linguística da África levou os colonizadores europeus à utilização do termo "nação". Segundo o autor, essa expressão refletia, de certa forma, o contexto político dos chamados Estados nacionais europeus dos séculos XVII e XVIII, os quais levaram os colonizadores a estabelecerem, inicialmente, paralelos entre as estruturas monárquicas africanas e europeias.

Os critérios apropriados pelos europeus para marcarem e diferenciarem os grupos não eram os mesmos utilizados pelos africanos. Isso porque suas identidades coletivas se moviam dentro de outros marcos identificatórios.

No entanto, durante o tráfico transatlântico, nota-se que as formas de classificação e denominação étnica assumida, seja pelos europeus colonizadores, seja pelos africanos, embora divergentes, se encontravam e se desdobravam em novas configurações identitárias.

Parés (2007) destaca ainda que a dinâmica da construção das identidades étnicas pode ser explicada por meio de duas ferramentas analíticas, quais sejam: as *denominações étnicas e metaétnicas*. A primeira se caracteriza pelo movimento interno de diferenciação e autoidentificação do grupo. Já a segunda está relacionada ao conjunto de denominações e referências externas atribuídas aos grupos. Ambas não são estanques, ao contrário, se intercruzam num jogo de incorporação e rejeição.

Seguindo essa linha, Mariza Soares (2000) diferencia os conceitos de *nação* e *etnia* dentro da dinâmica de construção de identidades dos africanos no Brasil. O conceito de *nação* estaria mais ligado às designações efetuadas pela elite branca colonial e, assim, imerso em um contexto marcado por relações de poder; *etnia* caracterizaria a forma como os africanos e crioulos se apropriaram e reelaboraram as denominações externas, ditadas pelo colonialismo, e internas, nas relações com seus pares.

Em certos momentos históricos, sobretudo quando houve uma diversificação de rotas e portos a partir do século XVIII, nota-se, por parte dos traficantes, uma generalização no sistema de classificação étnica das sociedades africanas. Termos como *benguela, angola, cabinda, congo, mina, jeje* e *nagô*, entre outros, faziam referência muito mais às áreas de embarque, aos reinos, às cidades ou às nomeações alheias criadas por diferentes grupos africanos e apropriadas pelos traficantes. Nesse caso, verifica-se, como explicita Parés (2007), uma forma de nomear atrelada às demandas administrativas do comércio transatlântico.

No entanto, essas e outras classificações de conteúdo genérico ganharam formatos diferenciados no Brasil colonial, na medida em que uma rede de significados culturais e simbólicos foi construída em torno das chamadas nações. Os elementos identificatórios criados pela elite colonial para os diversos povos africanos aportados no Brasil se chocavam com suas identificações étnicas. Isso levou, nas linhas interpretativas de Parés (2007), à redefinição de suas identidades. Em uma sociedade marcada pela opressão da escravidão, os grupos escravizados se apoderaram de estratégias de negociação e subversão para (re)criarem suas identidades coletivas cindidas na travessia do Atlântico.

Matory (1999), ao teorizar sobre os conceitos de *nação* e *transnacionalismo*, recupera o sentido atribuído por B. Anderson (1991) à formação dos territórios nacionais, entendidos como *comunidades imaginadas* onde os sujeitos compartilham um conjunto de representações simbólicas comuns, mesmo estando em espaços geográficos diferentes. Matory (1999) tenta relativizar certas visões que enfatizam a simples transposição da unidade territorial africana para as Américas como princípio que originou as chamadas *nações diaspóricas* (como as Nações de Candomblé) ou aquelas linhas interpretativas que dão primazia às proximidades políticas, linguísticas e culturais unidas primeiramente pelos traficantes de escravizados.

O autor não nega a existência de tais proximidades, mas joga luzes para outros aspectos, como as ações (*agency*) que levaram os sujeitos a formarem grupos cujas afinidades reais ou imaginadas foram acionadas como fatores propulsores. Segundo ele, "um grande trabalho cultural e institucional foi necessário para amalgamá-los em nações" (MATORY, 1999, p. 58-59).

Dessa forma, as classificações e/ou identificações étnicas trouxeram essa imagem de nação como uma constelação, metáfora, que inspirou a lógica de construção identitária das populações negras africanas no Brasil. Na remodelação de sua etnicidade, os africanos mobilizaram códigos e símbolos culturais, assim como reconstituíram um passado considerado comum.

A esse respeito, Barth (2011) argumenta que são os contatos culturais e as interações sociais que promovem a criação e a manutenção das fronteiras étnicas. Em outras palavras, criam-se as condições para a formação e a diferenciação dos grupos e de suas identidades coletivas. De acordo com o autor, é "[...] a fronteira étnica que define o grupo e não o material cultural que ela encerra" (BARTH, 2011, p. 195). Essa afirmativa nos remete a pensar no conjunto de marcas ou traços culturais que os grupos selecionam para se identificar e se diferenciar, assim como suas estratégias e táticas em manter as fronteiras. Essa abordagem trata a etnicidade como uma categoria relacional, ou seja, movida pelo jogo das diferenças e das interações intergrupais.

A África Centro-ocidental, nos séculos XV-XVI, compunha-se de uma variedade de grupos étnico-linguísticos que, ao ser estudada pelo alemão W. H. Bleck no século XIX, passou a ser identificada como uma área que apresentava similitudes linguísticas. As palavras *ntu* e *bantu* (a primeira significando indivíduo, e a segunda, o seu plural) orientaram essas identificações. Assim, "banto" se tornou uma designação linguística para grupos diversos e dentro de uma ampla área geográfica. Cabe frisar que esse termo não define uma língua ou um povo específico, e, sim, proximidades e semelhanças de traços linguísticos (e culturais) entre os grupos da África Central (SOUZA, M., 2002).

Há um esforço por parte dos pesquisadores em identificar a marca dos bantos em certas manifestações culturais e/ou religiosas. As formas de identificação dos povos centro-africanos estavam relacionadas, em certos momentos, a uma suposta unidade linguística. Sob outra perspectiva, Vansina (1989) destacou que a África Centro-ocidental se caracteriza como uma grande área cultural ligada não apenas pela proximidade linguistica, mas pela partilha de elementos de uma mesma cosmologia e ideologia politica.

Alguns estudos (SOUZA, M., 2002; SLENES, 1992; KARASCH, 2000) defendem que esse parentesco das línguas originárias da África Central e Austral proporcionou um caminho para a formação de uma "identidade banta" no Brasil. Mary Karasch (2000), ao pesquisar a formação étnica dos negros no Rio de Janeiro na primeira metade do século XIX, identificou uma predominância dos povos chamados bantos. A partir desses dados, a autora defende a presença de uma "centro-africanidade" a qual criou uma unidade entre os diferentes grupos étnicos existentes nesse período no Rio de Janeiro. É possível dizer, como Marina Souza (2002) apontou, que as semelhanças linguísticas entre os grupos que viviam na África Centro-ocidental forjaram essa "unidade cultural banta" no Brasil. Provavelmente, esse fator foi importante para estabelecer alianças e proximidades no novo contexto cultural.

Na esteira dessa argumentação, Slenes (1992) sugere a existência – dentro da região formada pelo sul de Minas Gerais, leste do Rio de Janeiro e noroeste de São Paulo – de uma etnia "panbanta", na medida em que os elementos culturais trazidos pelos mais variados grupos provenientes da África Central foram compartilhados e trocados, delineando novas relações sociais e tecendo redes de solidariedade interétnicas.

Isso pode ser verificado em um estudo minucioso sobre o significado da palavra "malungo". Slenes (1992) percorreu o universo das línguas bantas, encontrando as seguintes definições para o termo: "companheiro na travessia do Kalunga" ou "camarada da mesma embarcação". O autor esbarrou com muitos outros sentidos que atravessam essa definição e amplia seu significado, argumentando que a língua está imbricada em emaranhados culturais.

A própria concepção de kalunga, estendida a "malungo", estava ligada, segundo o autor, à morte. Na cosmovisão banta (sobretudo para os bakongos e os povos de línguas kikongo, umbundo e kimbundo), o Kalunga separa os mundos dos mortos e dos vivos. Também a cor branca, para os bakongos, significava a morte, de modo que "os homens eram pretos e o espírito branco". Assim, atravessar o Kalunga conotava adentrar-se nos limites da morte por meio de grandes embarcações trazidas por homens brancos.

Isso gerou um imaginário em que a travessia e o próprio tráfico estavam associados à feitiçaria, acreditando-se que se partia para a terra dos espíritos – da morte –, ou, ainda, a terra dos brancos – a *Mputu*. Os espíritos dos antepassados eram igualmente denominados pelos bakongos *malungos*. Havia aí algo que denotava, no imaginário, o retorno, como espírito, da terra dos mortos para a terra dos vivos – a África (SLENES, 1992).

É interessante verificar, como apregoa o referido autor, que essa palavra, ao trazer esse conjunto de significados, traduzia o processo pelo qual os laços étnicos e a dinâmica identitária se constituíam na trama da escravidão:

> "Malungo" significa não apenas "meu barco", "camarada de embarcação", mas companheiro de travessia da vida para a morte branca, é possível também "companheiro da viagem de volta para o mundo preto, dos vivos". A história de "malungo" encapsula o processo pelo qual escravos [escravizados] falantes de línguas bantu diferentes e provindos de diversas etnias começaram a descobrir-se como "irmãos". (SLENES, 1992, p. 54).

O historiador defende ainda que a origem da "formação de uma identidade banta" no Brasil encontra-se na travessia transatlântica e está imersa em uma intricada e complexa rede de laços que ataram os diferentes grupos étnicos da África Central e Austral. Nessa rede, a palavra não apenas se tornou veículo de comunicação, mas forjou as proximidades culturais fundamentais para demarcar fronteiras étnicas. Slenes (1992, p. 59) enfatiza que:

> [...] nesse contexto, a palavra que os escravos [escravizados] detinham em comum pode ter deixado de ser para eles apenas um significante, revelando afinidades mais profundas, para tornar-se, ela mesma, um dos elementos constitutivos de sua nova identidade.

Dentro dessa perspectiva, o processo de construção identitária da Nação Angola contou com essa "identidade banta" forjada inicialmente entre os malungos, "os companheiros de travessia".

As proximidades linguísticas e culturais entre os bantos delinearam o cenário dentro do qual as identidades coletivas foram buscadas, ora dialogando com as referências genéricas operadas pelos traficantes em torno do conceito de nação, ora tecendo alianças entre seus pares e ressignificando as identificações externas que lhes eram atribuídas. Se na África Central e Austral a permeabilidade das divisas étnicas parecia estar circunscrita à proximidade linguística, no Brasil, a dinâmica das identidades emprestou-as como um dos elementos fundantes.

Os grupos provenientes da África Central e Austral eram nomeados pelos traficantes de escravizados a partir de um conjunto de referências identificatórias genéricas, como os mercados onde eram comercializados, os portos de embarque, territórios, rotas e reinos mais conhecidos. Desses nomes registram-se nas fontes escritas as seguintes designações: benguela, cassanje, quissama, congo, angola, cabinda e moçambique, entre outras. Vale destacar que essas nomeações estavam atreladas às mudanças e flutuações do termo "nação", operadas entre os traficantes de escravos.

A partir do século XIX, com o fim do tráfico, a nação como elemento de pertencimento étnico e estratégia social perdeu seu significado operativo nas relações de poder. Essa mudança deslocou a nação étnica para o universo religioso, criando as chamadas Nações de Candomblé.

Segundo Vivaldo da Costa Lima (2003, p. 29):

> [...] nação passou a ser, desse modo, o padrão ideológico e ritual dos terreiros de candomblé da Bahia, estes sim fundados por africanos angolas, congos, jejes, nagôs. Em outras palavras, nação passou a designar uma modalidade de rito ou uma forma organizacional definida em bases religiosas.

Parés (2007) reforça a explicação dada por Vivaldo da Costa Lima (2003), destacando que as Nações de Candomblé passaram a se caracterizar como espaços onde as identificações e diferenciações étnicas ocorriam por meio de elementos como, principalmente, língua, ritos, danças, instrumentos musicais e cantos, entre outros aspectos culturais.

Seguindo a divisão estabelecida por Edison Carneiro, as Nações de Candomblé podem ser classificadas em: Nação Keto (língua iorubá), Nação Ijexá ou Jexá (iorubá), Nação Jeje (fon), Nação Angola (banta), Nação Congo (banta), Nação Congo-Angola (banta) e Nação de Caboclo (modelo afro-brasileiro) (CARNEIRO, 2008, p. XVI). Embora adotem um conjunto de aspectos que demarcam suas diferenças e fronteiras, na situação da diáspora, os processos históricos travados por essas Nações não são uniformes. Isso significa dizer que as Nações de Candomblé trocaram experiências e dialogaram entre si, selecionando e tomando emprestados elementos de diferentes Nações (FIGUEIREDO; ARAÚJO, 2013).

Nesse quadro, ao contrário do que se supõe nos estudos afro-brasileiros, a Nação Angola buscou durante seu trajeto histórico sua identidade, remodelando-a de acordo com a lógica identitária.

Cabe frisar que as identidades, entrelaçadas com a cultura, são, como destaca Castells (1999), fontes de sentido, pertença, e se constroem nas relações de poder e alteridade. Como a cultura, as identidades são mutáveis e se inserem na esfera de conflitos, na medida em que sua lógica se norteia, entre outros aspectos, pelas ações de exclusão e inclusão do material cultural e das fronteiras étnicas demarcadas.

Considerando essas imbricações teóricas, verificamos, nos depoimentos, diferentes momentos que demarcam o percurso do processo de construção da identidade da Nação Angola, marcado por ressignificações, dinamismos, conflitos e disputas.

Tendo em vista os relatos e enfrentando os riscos de perfilar marcos cronológicos apenas com o recurso da memória, destacam-se aqui três fases em que essa identidade da Nação Angola parece ter sido imaginada.

A primeira se constitui nas proximidades com relação às referências ameríndias, "caboclizando" o universo afro--banto. Possivelmente, nesse momento havia muito mais uma tentativa de construção de uma identidade nacional – "brasileira" – do que propriamente étnica. Dentro dessa fase, verifica-se uma vizinhança com o catolicismo e depois com a Umbanda. Cabe destacar, no entanto, como elucida Parés (2007), que esse movimento de "abrasileiramento" não excluía o de "africanização". Isso porque assimilação e resistência compuseram o ritmo desse processo.

Já a segunda fase se caracterizou pela necessidade de se legitimar (ou se africanizar), o que levou ao diálogo com o culto Jeje-Nagô, eleito pelos pesquisadores e membros do

Candomblé como o mais "puro e tradicional". E, por fim, a terceira fase foi definida pela busca por uma identidade étnica tardia, voltando-se para a chamada África Banta. Nesse momento, a Nação Angola busca se africanizar, distanciando-se tanto do catolicismo como das tradições Jeje-Nagô.

Primeira fase

A partir das pesquisas sobre os calundus, as irmandades e outros espaços (REIS, 1988b; MOTT, 1994; SILVEIRA, R., 2006; SOUZA, L., 2021; SOUZA, M., 2002), percebe-se um conjunto de elementos que indicam uma tentativa, por parte das populações negras no Brasil, em reorganizar os fragmentos de uma África perdida na diáspora. As pistas deixadas nos documentos e autos inquisitoriais, analisados por grande parte da historiografia, apontam um forte diálogo desses grupos com elementos ameríndios e católicos.

Algumas fontes históricas analisadas por João José Reis (2000) e Slenes (1992) indicam uma combinação de rebeliões escravas com rituais religiosos, sobretudo de origem banta, na segunda metade do século XIX. Reis identificou traços de "crioulização" (ou "abrasileiramento") em tais ritos, considerando uma possível proximidade com o modelo da Umbanda paulista:

> Esses rebeldes buscaram a liberdade através de uma linguagem religiosa sincrética, em avançado estado de crioulização, que combinava elementos do registro religioso africano, especialmente banto, àqueles do catolicismo popular e mesmo do espiritismo. Algo muito próximo do que se entende hoje por umbanda paulista. Tinhamos lá uma umbanda abolicionista. (REIS, 2000).

Essa afirmativa nos leva às seguintes indagações: Será que essa "Umbanda abolicionista" traduziria um processo de constantes diálogos muito característicos do universo religioso banto? Seriam essas práticas religiosas um modelo próximo da Umbanda paulista ou do Angola?

Por hipótese, o "abrasileiramento" (ou crioulização) das tradições religiosas de origem banta a que se refere J. J. Reis (2000) pode ser parcialmente explicado por meio da figura do Caboclo. Essa entidade expressa uma forma de contar a história da Nação Angola, ou, ainda, traduz os diferentes momentos em que essa Nação foi imaginada.

O diálogo com as tradições católicas e ameríndias, provavelmente, expressa, uma tentativa (entre outras) dos povos bantos criar uma imagem de si na Diáspora. Isso não levou, no entanto, a um distanciamento das visões e práticas religiosas provenientes da África Central e Austral. Ao contrário, esses diálogos reforçam certas adaptações, rearranjos, continuidades e rupturas com tais práticas. O Caboclo representa essa dinâmica e isso pode ser observado por meio de um conjunto de sinais diacríticos da estrutura religiosa dos Terreiros de Angola analisados. Neles percebe-se que há uma representação acerca dos limites que separam o Brasil da África, isto é, o Caboclo dos Nkisis ou, ainda, a ancestralidade das energias da natureza. Em alguns relatos, essa dinâmica aparece no seguinte relato do sacerdote:

> O Caboclo é o dono da terra, por isso precisamos cultuá-lo, mas o centro de nosso culto são os Nkisis. Quando chegamos aqui, precisávamos do Caboclo para entender esse novo mundo, com seus ancestrais e histórias diferentes das nossas. Então o Caboclo substituiu nosso culto aos ancestrais na África, mas ele está separado de tudo. Tem casa, dia de festa e lugar diferente para seu culto. Não se mistura com os Nkisis, apesar

de ter uma relação com eles, pois os Nkisis vêm também pela ancestralidade. (Kimbungo, entrevistado em 2013).

O Caboclo assumiu diversas versões no processo de construção da identidade da Nação Angola. Em alguns momentos, tornou-se uma figura que veiculava o "ser brasileiro"; em outros, reatualizou as fronteiras, marcando diferenças com outras Nações.

Nestas primeiras décadas do século XXI, há um movimento de alguns Terreiros reafricanizados (em São Paulo e alguns na cidade de Santos) para excluir o Caboclo do Angola: houve caloroso debate em torno do Caboclo e raízes de santo no Primeiro Encontro Internacional da Nação Angola, realizado no dia 9 de janeiro de 2016, em Taubaté (SP). É como se essa entidade, figura representativa de um passado sincrético e voltado à busca de uma "identidade brasileira", agora não fizesse mais sentido. A identidade étnica banta reivindicada esvaziaria o sentido do Caboclo no interior do Angola.

O jogo entre "ser brasileiro e africano" em que se moveu o Angola outrora parece hoje requerer apenas o lado africano. Isso porque "ser brasileiro" não soa mais como uma necessidade. Ter ou não o Caboclo? Eis o dilema contemporâneo de alguns Terreiros reafricanizados e fator de cisões dentro do grupo. Novamente, o Caboclo é a *persona non grata*, a fronteira que demarca as diferenças e os conflitos.

Nesse sentido, enquanto a ideia de reafricanização do rito tomava conta dos Terreiros de tradição Jeje-Nagô desde fins do século XIX, como mostrou Parés (2007), a Nação Angola, segundo depoimentos, se imaginou brasileira e, em um momento posterior (provavelmente, após 1930), se identificou com o discurso da mestiçagem. Dentro desse contexto, o Caboclo se tornou um polo que aglutinou essa tendência:

Eu acho que nós não nos preocupávamos em sermos só africanos, mas brasileiros. Nós não somos brasileiros, ora? Se você pensar, até o nome do Terreiro Tumba Junsara, fundado em 1919, um dos primeiros do Angola, tinha o nome de um Caboclo. Pra você ver como ele é importante para nossa Nação, justamente porque o Caboclo é brasileiro. (Kimbungo, entrevistado em 2013).

No entanto, essa figura constituía a peça que expunha o sincretismo da Nação e, com isso, a falta de pureza do rito. A partir daí verifica-se a marginalização dessa Nação, ao longo de muitas décadas, frente à hegemonia Nagô.

Por outro lado, no interior do grupo, a visão sobre o "ser brasileiro" – incorporada na figura do Caboclo – constituía um dos traços que estruturavam o modelo de rito Angola e que marcavam a diferença entre "angoleiros puros" e "não puros". Parece que a ideologia da pureza era apropriada de várias formas no jogo de rivalidades entre as Nações de Candomblé e no interior de cada uma delas.

Segunda fase

O marco simbólico dessa fase, conforme relatam alguns sacerdotes e sacerdotisas, parece ter sido o contato entre Joãozinho da Gomeia e o Terreiro do Gantois.

João Alves Torres Filho (1914, Bahia – 1971, São Paulo) tornou-se pai de santo muito cedo e abriu seu Terreiro na rua Gomeia, em São Caetano, Salvador, Bahia. Daí ser conhecido como Joãozinho da Gomeia (SILVA; LODY, 2002, p. 153-182). O Terreiro do Gantois, ou Ilê Iyá Omin Axé Iyá Massê, localizado no alto do Gantois (no bairro da Federação, Salvador, Bahia), foi fundado na metade do século XIX por

Maria Júlia da Conceição Nazaré e se caracteriza como um dos Terreiros que mais se destacaram no cenário brasileiro (SANTOS, J. T., 2002, p. 133-151).

O encontro é narrado da seguinte forma:

> Todo o povo de santo ficou chocado porque o Caboclo Pedra Preta de Seu Joãozinho saiu na sala do Gantois, o Terreiro considerado mais tradicional da Bahia. Como um Caboclo sai num Terreiro Nagô? Os angoleiros todos comentaram esse dia e até hoje comentam porque ficou pra história. Também o pessoal do Keto comentou. O Caboclo é do Angola, não do Keto. (Tata Kajalacy, entrevistado em 2014).

A figura de Joãozinho da Gomeia aparece nos relatos como um ícone do Angola. Mesmo por aqueles que tecem algumas críticas com relação à sua "tradição milongada" com o Keto e com outras tradições religiosas, Joãozinho é recordado como um sacerdote que deu visibilidade ao Angola e, de certa forma, orientou sua construção em São Paulo.

Durante os anos 1960 e 1970, com a ebulição cultural nas linhas da contracultura, os Terreiros de Candomblé baianos, especialmente da Nação Keto, ganharam um lugar de visibilidade ainda maior no país. Essa Nação estava imersa no seu processo de reafricanização.

Nesse contexto, o movimento de "nagoização" da Nação Angola se firmou como um norte para muitos Terreiros, embora a figura do Caboclo tenha ganhado ampla visibilidade nacional nesse mesmo período. Havia uma construção imaginária de que a Nação Angola deveria se atrelar ao formato Jeje-Nagô, pois, caso contrário, estaria fadada à morte, como enfatizado no relato a seguir: "Todo mundo estava falando no Keto. Todo mundo gostava do Keto. Todo mundo entendia o Keto. Então falávamos em Keto para sermos aceitos, porque senão seria o nosso fim" (Mameto Diassu, entrevistada em 2013).

Ademais, a própria figura de Joãozinho da Gomeia reafirmava essa tendência que despontava desde os anos 1930, qual seja, a proximidade com as tradições do culto Jeje-Nagô. Provavelmente, a necessidade por parte dos angoleiros de serem reconhecidos também como um "pedaço da África", e a Nação Keto parecia indicar o caminho.

Apenas como hipótese, é interessante notar que houve uma movimento de mão dupla: se, por um lado, o Angola – para se aproximar desse "pedaço da África" – dialogou com elementos de outras Nações, por outro, a Nação Keto incorporou o Caboclo, talvez para se alinhar ao discurso da mestiçagem amplamente difundido após 1930. Prandi (1991) e Landes (1967) reforçam a adoção do Caboclo por Casas Nagôs como Gantois, Casa Branca e Opó Afonjá. Sodré (1988, p. 57) também aponta a presença dessa entidade em Terreiros baianos: "Sabe-se igualmente que no Ilê Oxóssi, um dos três terreiros nagôs fundadores, existe um assentamento para caboclo (entidade que representa o índio brasileiro junto à cosmogonia negra)".

Nessa linha, Serra (1995) aponta que no Engenho Velho, e em outros Terreiros da mesma Nação Keto, a introdução do Caboclo manifestava não apenas uma mudança do Candomblé, mas também traduzia, sobretudo, o processo de "crioulização" do rito dos Orixás. Isso pode ser melhor compreendido, como destaca o autor, a partir da correspondência entre o Orixá Oxóssi e o Caboclo. De forma ambígua, Oxóssi tanto passou a representar a "origem mítica e tradição africanas", como esteve associado ao índio e ao Brasil. De modo que os movimentos de "reafricanização e crioulização" caminhavam juntos nesse momento.

Com a morte de Joãozinho da Gomeia em 1971, muitos Terreiros deixaram o Angola e se tornaram Keto ou permaneceram Angola incorporando elementos do Keto para se "tornarem compreendidos":

> Eu passei a falar Iansã para as pessoas entenderem, até um momento em que o Terreiro todo passou a falar, esquecendo que era só para fazer as pessoas entenderem. Mas mesmo falando Iansã, é diferente da Iansã do Keto. (sacerdote entrevistado em 2014).

Esse trecho ilustra como estamos tentando argumentar ao longo deste livro o movimento de angolização das referências incorporadas pelos membros do Candomblé Angola. Isso significa dizer que a supremacia Keto e as relações de poder que a envolvem não diluíam os processos criativos perceptíveis nessas disputas pela hegemonia no campo religioso.

Terceira fase

Por fim, a terceira fase foi caracterizada pelo período de reafricanização da Nação Angola, iniciado a partir dos anos 1980, período no qual o pertencimento étnico banto se tornou foco discursivo na construção de sua identidade "étnico-religiosa".

O Caboclo, nesse momento, passou a ser um elemento de contraste, marcando as linhas que separam da Nação Keto. Houve um redirecionamento no sentido de romper com o sincretismo católico, e igualmente com os elementos do culto Nagô, iniciando, com isso a busca por uma África Banta mítica.

Essa relação com o continente africano, segundo Vagner Silva (1995), esteve presente em diferentes momentos da história do Candomblé. A Casa Branca do Engenho Velho, menciona o autor, já apresentava, desde fins do século XIX, essa preocupação em trazer saberes religiosos da África. O sacerdote Martiniano de Bonfim, filho liberto de escravo africano, tornou-se, nos anos 1930, uma das figuras icônicas desse contexto marcado por constantes travessias transatlânticas.

Outro elemento importante abordado por Vagner Silva (1995) trata das diferenças nos sentidos atribuídos pelos adeptos do Candomblé ao processo de reafricanização. Tanto os momentos históricos como os lugares em que esse fenômeno ocorreu conferem visões e significados diferentes a essa busca.

Nessa perspectiva, Botão (2007) aponta três etapas verificáveis no movimento de reafricanização: a primeira é localizada no século XIX, com o retorno dos africanos para a África. Esse retorno constituía o resultado de duas conjunturas: a ação policial contra as sublevações escravas, levando à expulsão dos envolvidos; e o desejo de africanos e seus descendentes em retornar à sua terra natal. Isso ocorria por meio do pagamento da viagem ou da compra de navios rumo à África.

Já a segunda etapa se constitui em um largo arco temporal, isto é, entre fins do século XIX e 1980. Esse período se caracteriza pela intensificação dos contatos entre África e Brasil, com o interesse pontual, sobretudo na virada do século XIX para o XX, em trazer conhecimentos religiosos para os recém-formados Terreiros baianos. Ainda dentro dessa fase, o autor sinaliza que, nas décadas de 1960 e 1970, a "tradição" resurgiu com força no discurso dos candomblecistas. Os Terreiros baianos, em específico da Nação Keto, se tornaram fontes de africanidade e tradição.

E, por fim, vem a terceira etapa, iniciada a partir de 1980, cujo marco foi a "Carta Manifesto" proferida por Mãe Stela, Olga de Alaketu e Nicinha de Bogum (CONSORTE, 1999, p. 71-91). Essa carta denunciava o sincretismo católico, propondo a sua retirada do Candomblé. Aponta ainda que esse episódio criou cisões no próprio modelo de pureza Nagô, levando a Nação Angola, sobretudo em São Paulo e Rio de Janeiro, a buscar a sua própria reafricanização. Vale salientar, como afirma o autor, que esse tema estava muito associado ao contexto político no qual a etnicidade se tornou seu vetor.

Assim, é possível afirmar que grande parte de angoleiros passou a criticar uma das características dessa Nação, ou seja, a sua plasticidade. Em outras palavras, põe-se em xeque tal característica, apostando na construção de um modelo e uma lente próprios.

Botão (2007) aponta dois momentos marcantes no processo de reafricanização do Angola: um primeiro, chamado de "fase fronteira", em que os adeptos procuram se diferenciar da Nação Keto, e seria uma espécie de desqueituização do Angola. E um segundo momento, caracterizado pela introdução de conhecimentos "bantos" considerados perdidos ou esquecidos.

Nesse quadro, arrisco mencionar a "desumbandização" da Nação como uma forma de criar fronteiras identificatórias mais rígidas. Isso significa dizer, *grosso modo*, que certas entidades presentes na Umbanda e cultuadas no Angola passam a ser reinterpretadas. Há um conjunto de formas pelo qual se dá essa tentativa de separar-se da Umbanda. A marca e os níveis dessa "desumbandização" podem ser percebidos, por exemplo, com relação à Pombagira se tornando Bombogira ou à exclusão dessa figura no rito.

Além disso, observa-se que a busca pelas línguas bantas tornou-se importante fator de contraste e identidade, remetendo-se ao período em que as diferentes etnias oriundas da África Central e Austral se agruparam no Brasil pelos laços linguísticos, como já discutimos. Igualmente, destaca-se a tentativa de resgatar, em diferentes níveis, as divindades, as cantigas e rezas, bem como o sistema oracular da tradição banta. Um dos pioneiros em São Paulo a levar a cabo esse projeto de "bantuização" da Nação Angola trata-se de Tata Katuvanjesi, o qual incorporou ao rito muitos elementos trazidos da chamada África Banta (BOTÃO, 2007).

A reafricanização do Angola traz muitos debates, perspectivas, disputas e tensões; daí ser plausível afirmar que esse processo não ocorre de maneira uniforme. Verificam-se Terreiros em que as viagens de sacerdotes e sacedotisas à África, somadas, entre outros aspectos, ao acesso a certas bibliografias, intensificam as mudanças nos ritos. Em contrapartida, há outros cujos traços de reafricanização são mais ou menos aparentes. Isso significa dizer que há certos elementos introduzidos dentro de uma estrutura litúrgica pouco modificada. Há ainda alguns Terreiros nos quais se critica esse movimento, negando-se a efetuar quaisquer mudanças. Esses posicionamentos revelam, de qualquer forma, mudanças vivenciadas pela Nação Angola no início do século XXI.

Contudo, em todos esses casos, recorre-se ao discurso da tradição como fonte de legitimidade e estratégia de negociação dentro do jogo identitário. Nesse âmbito, Sahlins (2004), ao discutir a lógica que permeia os diálogos culturais na modernidade, argumentou que "a tradição aparece muitas vezes na história moderna como uma modalidade culturalmente específica de mudança" (Sahlins, 2004, p. 508).

Assim, tendo em vista essas fases pelas quais o Angola se imaginou, e ainda que nelas encontremos lacunas, incongruências e conjecturas, um fato importante descortinado durante a pesquisa de campo consiste em afirmar que a busca de uma identidade da Nação Angola não pode ser reduzida apenas ao período que se convencionou chamar de reafricanização ou, ainda, o "despertar" da Nação Angola para sua identidade, como afirmou Botão (2007, p. 81). Isso porque, conforme os relatos apontam, essa busca se mostra muito anterior.

A forma como a Nação Angola se pensou contou com um conjunto de fatores, como: o contexto político e cultural; as relações de poder e disputas no campo das religiões afro-brasileiras; e, por fim, as diferentes formas em que a tradição foi mobilizada e concebida, intercalando a abertura e o fechamento das fronteiras dessa Nação, dependendo da conjuntura, do interesse e das condições em que se moviam os diferentes atores.

Nessa linha, a Nação Angola se mostrou o grande guarda-chuva para as suas divisões e disputas internas. Maria Neném (de quem falaremos mais adiante) se converteu na "avó placenta", ou seja, no elemento que forma o grupo, e o Caboclo, o seu ponto gravitacional. Este se tornou o guardião das fronteiras, aquele que negocia a tradição e, por vezes, sua ressignificação.

1.4 Identidades da Nação Angola

Nesta seção, buscaremos refletir acerca do movimento interno da Nação. Ou seja, vamos nos debruçar na forma como esse grupo compreende a constituição da linhagem e o seu papel na construção de uma identidade religiosa. Problematizaremos o papel do Caboclo na formação de uma unidade em torno da Nação Angola. Para tanto, percorreremos o sentido dado aos termos *ndanji* e *kandas*, bem como "raiz", "troncos" e "família de santo".

Ao analisar o povo zombo (localizado na bacia do Zaire) em sua relação com a formação do reino do Kongo e dentro do universo cultural banto, José Carlos de Oliveira (2008) afirma que a descendência nesse grupo étnico é rememorada para eternizar a linhagem. A consanguinidade, real ou imaginária, estrutura as relações de parentesco, pois os laços que atam os indivíduos representam ligações profundas que "determinam a vinculação com a vida, constituindo, desta forma, a razão de ser da própria linhagem" (OLIVEIRA, J., 2008, p. 33). A terra, ao lado das relações de parentesco e das linhagens, ainda nas afirmativas do autor, constitui uma das bases que estruturavam as sociedades bantas tradicionais. Isso porque a terra estava ligada à ancestralidade.

Em outra perspectiva, Slenes (2011) argumenta que os africanos escravizados e levados para o sudeste brasileiro tentaram organizar suas vidas a partir da ideia de família e linhagens. A imagem de uma origem já não estava associada ao lugar, mas dentro de um grupo de parentesco. Assim, ao mudarem ou se deslocarem de um lugar a outro, levavam consigo sua origem, seus antepassados e, a partir daí, criavam uma linha genealógica.

Essas novas relações de parentesco diaspóricas são encontradas no Candomblé, nas chamadas famílias de santo, e também, como argumentaremos, na figura do Caboclo. Na Nação Angola, o espaço do Terreiro abarca não apenas o sentido de uma comunidade que compartilha a vida (o *moyo*), mas também um passado comum. Ancestralidade e terra enlaçam os indivíduos ao Terreiro.

Vivaldo da Costa Lima (2003), em *A família de santo nos candomblés jeje-nagôs da Bahia*, analisa a forma como se organizam internamente as chamadas famílias de santo nos Terreiros de Candomblé. O autor descreve os aspectos que perfilam a estrutura e a lógica interna da família de santo pautada no parentesco ritual. Vivaldo Lima (2003), ao estabelecer um paralelo entre os padrões verificáveis na "família extensa, patriarcal brasileira", por um lado, e a família do Candomblé, por outro, aponta um conjunto de deveres e obrigações presentes em ambos os modelos.

De outro modo, o autor chama a atenção para as contribuições das sociedades africanas na construção da estrutura familiar do Candomblé. Nesse trajeto, enfatiza, "as relações de parentesco de santo, na sua complexidade estrutural e na sua coerência institucional", são constituintes na organização familiar do Candomblé (LIMA, V., 2003, p. 161).

Os entrelaçamentos entre os sistemas familiares, patriarcal e africanos, na argumentação do autor, são desdobramentos dos processos de recriação das religiões tradicionais perdidas na diáspora, as quais eram baseadas nas linhagens, bem como no papel central da instituição familiar. A reinvenção da família de santo se caracterizaria, assim, como uma reorganização de fragmentos das vidas institucional e política, desarticuladas a partir do regime escravista.

Vivaldo Lima (2003) analisa o grupo familiar do Candomblé tendo em vista certos modelos taxonômicos, não o encerrando, contudo, nessas tipologias. O autor versa sobre os traços das famílias extensa, patriarcal, nuclear e parcial na categorização da família de santo.

No âmbito da "família extensa", o autor aponta algumas de suas características ressaltando, sobretudo, a forma como os antigos Terreiros criaram – em torno de um antepassado mítico – uma malha de casas de Candomblé. Nas palavras do autor:

> [...] a família de santo seria uma família extensa apenas na amplitude dimensional dos epígonos e no reconhecimento, muitas vezes mítico e sempre sentimental, dos antepassados comuns na geração do santo. (LIMA, V., 2003, p. 162).

Soma-se a esse componente a "família nuclear", modelo em que o Candomblé se inspira na medida em que, por um lado, reforça a lógica de dependência entre as gerações e, por outro, prima pela relação pai/mãe-filho. Nesse aspecto, a conjugabilidade do pai e da mãe perde importância devido ao reconhecimento de apenas um no sistema. Já a "família parcial" encontra razão de ser na estrutura familiar do Candomblé ao focar a relação da mãe com o filho. Essa ligação é apreendida de forma simbólica, de modo que o pai assume aí papel feminino de mãe. E, finalmente, os traços da "família patriarcal" estão presentes na família de santo a partir dos seguintes elementos elencados por Lima:

> [...] o sentido da hierarquia, o respeito ao chefe e aos mais velhos, a autoridade absoluta do pai, a subordinação dos irmãos mais moços ao mais velho, a solidariedade de parentes, o culto de família, de tradições, de nome, de honra. (LIMA, V., 2003, p. 163).

Essa análise se mostrou de grande importância para a compreensão "do povo de santo do Angola". Contudo, cabe ressaltar que não constitui escopo desse livro analisar e revisar os estudos sobre família, e em particular a família de santo, apenas lançar alguns elementos para a reflexão da maneira como a "família de santo Angola" é compreendida pelo grupo aqui pesquisado.

Assim, a expressão *raiz de santo* se trata de uma categoria nativa que se apresenta como forma operativa no delineamento de fronteiras e disputas internas das famílias de santo no Angola. Nesse contexto, a *raiz de santo* assume aí feições diferenciadas, não mais circunscrita a um jogo entre Keto e Angola (por exemplo), mas no interior do próprio grupo.

Neste livro, utilizaremos também o termo *tronco religioso* para caracterizar os universos (rituais, culturais, linguísticos e étnicos) em que as linhagens, na visão dos sujeitos, são encerradas. *Tronco* – termo encontrado na pesquisa de campo – aqui será tratado como enquadramento da família dentro de um conjunto de características litúrgicas, linguísticas e étnicas. Esses *troncos* desempenham uma função fronteiriça, mas gravitam em torno de uma unidade, a Nação Angola. Quando os interlocutores mencionam troncos, parece que o objetivo é se diferenciar dentro de um universo maior e muito dividido, ou seja, a própria Nação Angola.

Ao lado desse termo, *raiz* seria a "avó placenta", o mito de fundação. Em muitos Terreiros se utiliza também a expressão *casa-raiz*, cujo significado trata da origem dos primeiros Terreiros que seriam portadores de uma tradição. A palavra "casa" ou *nzo* foi utilizada pelo povo kongo, segundo José Carlos de Oliveira (2008), para classificar e identificar as diferentes partes do território kongo. As divisões, seguindo a ideia de Casa, traduzem uma malha territorial tecida sob a origem comum, a ancestralidade mítica, ou nas palvras do autor: "A avó placenta, a origem que envolve e protege a generalidade dos kongos". A título de hipótese, é possível supor que houve uma reelaboração desse termo "Casa de Candomblé". A Casa, nesses termos, identifica simultaneamente o local de culto (território), a família de santo (clã) e a sua origem (ancestral comum e mítico) dentro da linhagem de que faz parte.

Contudo, nos relatos, tanto *raiz* como *tronco*, ou mesmo *Nação*, estão justapostos, sobretudo, nas narrativas sobre as linhagens. Segundo Adolfo (2010), a palavra *raiz*, amplamente utilizada pelos angoleiros, está associada ao conjunto de Casas que compartilham a mesma origem (fundador da linhagem). Já a família de santo compõe-se, além do conjunto dessas Casas – e das relações de parentesco que suscitam –, também de marcos identitários como: universos linguístico e étnico, assim como certas características rituais diacríticas.

Edison Carneiro (2008, p. 49) identificou diferenças no universo banto que ele denominou de Nações, como: Congo, Congo-Angola, Muxicongo, Angola, Angolinha e Caboclo. Esse universo ao qual o autor se refere se mostrava fragmentado em *troncos* que parecem ter adotado, ao longo da história, a alcunha de Angola. Uma das incógnitas consiste na pouca compreensão em torno do nome "Angola" como uma forma de englobar as diferentes Nações de matriz banta.

Nessa linha, Nina Rodrigues, ao analisar a procedência dos africanos no Brasil, afirmou que geralmente, nos documentos históricos, havia uma denominação genérica aos grupos provenientes da África Austral e Central. Segundo o autor, quase sempre se encontrava o termo *Angola* para designar os povos oriundos dessas regiões (RODRIGUES, 2010, p. 42).

A hipótese que buscaremos argumentar tem como ponto de partida a seguinte constatação: o Candomblé Angola se moveu a partir de duas lógicas: a primeira estruturada por uma unidade em torno do Caboclo (e, mais tarde, pelo pertencimento étnico banto), fundamento da Nação; a segunda, movimentada pelas linhas que separam diferentes raízes e troncos religiosos.

É dentro dessas lógicas que a Nação Angola se constitui como um universo que abarca, ao mesmo tempo, coesão e dissensos, mobilizando uma identidade ora cindida, ora coesa. As raízes, os troncos e as famílias assumem uma dupla função: criam divisões e, ao mesmo tempo, mobilizam o grupo à busca por uma unidade.

Esse cenário se torna ainda mais complexo à medida que o Candomblé se expande, formando núcleos e uma rede de Casas que disputam entre si. Isso pode ser melhor compreendido quando nos aproximamos do Candomblé paulistano e um Candomblé que denomino aqui de santista.

1.5 Expansão da Nação Angola: Candomblé santista

Segundo a tradição dos estudos afro-brasileiros, o Candomblé paulista apresentaria características e uma formação histórica particulares. Reginaldo Prandi, em *Linhagem e legitimidade do candomblé paulista* (2021), cunhou o termo "Candomblé paulista" para reafirmar a existência do Candomblé na cidade de São Paulo e, assim, se contrapor à hegemonia baiana (particularmente, de Salvador e do Recôncavo Baiano).

Dessa forma, o Candomblé paulistano, como foi pesquisado nos estudos afro-brasileiros, surgiu a partir dos fluxos migratórios que marcaram a paisagem brasileira, sobretudo após os anos 1960. Esses movimentos provocaram não apenas a expansão do Candomblé (ou das suas "raízes") em todo o Sudeste, como também desenharam a relação entre São Paulo, Rio de Janeiro e Bahia. Dentro desse eixo, cidades como São Paulo, Rio de Janeiro e Salvador se tornaram polos importantes para as Casas que surgiram em outras cidades, como as do interior ou mesmo as do litoral.

Durante a pesquisa, observamos que a cidade de Santos também se constituiu como um polo que desempenhava um papel fundamental nesse eixo São Paulo-Rio de Janeiro-Bahia, bem como exercia grande influência na região do litoral paulista. Esse fato, ainda pouco pesquisado, ilustra as disputas pelo controle das redes formadas por Casas que surgiram dentro e fora desses polos tradicionais (São Paulo, Rio de Janeiro, Salvador, Recôncavo Baiano). Isso pode ser melhor compreendido com o Candomblé santista. Como veremos neste capítulo, apesar da sua intensa relação com as cidades de São Paulo, Rio de Janeiro e Salvador, há dinâmicas próprias que marcam esse Candomblé à beira-mar. A hipótese que argumentaremos neste capítulo está na seguinte afirmativa: o Candomblé Santista surge em sintonia com o Candomblé paulistano, mas apresenta nuances que o diferenciam deste último. A Nação Angola, como veremos, esteve presente tanto na formação do Candomblé paulistano como do santista.

Vagner Gonçalves da Silva (1995) dividiu o processo formativo do Candomblé de São Paulo em quatro fases distintas: a primeira, marcada pela hegemonia da Nação Angola (1960 a 1970); a segunda, com o predomínio do Efã (década de 1960); a terceira, ligada à ascensão do Keto (1970 e 1980); e a quarta, assinalada pelo processo de (re)africanização do Keto e de outras Nações (a partir de 1980).

Durante muito tempo, a gênese do Candomblé paulistano suscitou a discussão sobre o papel dos povos bantos na sua constituição. As tentativas analíticas em apontar a relação entre a presença demográfica e cultural banto em São Paulo com o surgimento da Umbanda e do Candomblé Angola parecem ainda se mover em conjecturas.

Os estudos se dividiam na questão da procedência da Umbanda, assim como do Candomblé, em São Paulo. Alguns autores (SILVA, V., 1994; NEGRÃO, 1996a) tentaram relacionar a existência dos povos bantos com o surgimento de práticas religiosas que deram origem ao Candomblé Angola e à Umbanda. Prandi (1991) defende que a Umbanda, apesar de ter raízes bantas em seu processo formativo, transformou essas referências, adaptando-as ao panteão Nagô. Outros (CAMARGO, 1961) defenderam que a origem desses ritos não está relacionada aos bantos, grupos cuja maioria demográfica marcou a paisagem de São Paulo entre os séculos XVIII e XIX. Isso porque a Umbanda seria proveniente do Rio de Janeiro e da Bahia e, portanto, não apresentaria traços bantos, e, sim, sudaneses.

Se, por um lado, as origens da Umbanda paulista estão envoltas por hipóteses e dissensos, por outro, há certa unanimidade com relação ao nascimento desse rito no Brasil. A literatura existente sobre o assunto (BASTIDE, 1971a, 1971b; CONCONE, 2001; NEGRÃO, 1996a; ORTIZ, 1978; PRANDI, 1991) afirma que a Umbanda surgiu em 1920, no Rio de Janeiro, e dentro de um contexto específico de transformações sociais, políticas, econômicas e culturais. Entretanto, entre os umbandistas, a narrativa fundacional elegeu o ano de 1908 como marco para as origens do rito. Segundo essa narrativa, durante uma sessão espírita kardecista, manifestou-se pela primeira vez o Caboclo das Sete Encruzilhadas, cujo objetivo foi anunciar ao médium Zélio Fernandino de Morais a missão de fundar a Umbanda.

Nesse sentido, a genealogia das manifestações religiosas sob influências do universo banto, como a Umbanda, a Cabula, a Macumba e o Candomblé Angola, ainda impõe certos desafios interpretativos. Muitas pesquisas partiram de modelos explicativos norteados pela ideologia de pureza Nagô. Vale ressaltar que esse ideário tanto permeou a relação entre Nações de Candomblé, elegendo o culto Jeje-Nagô como modelo de pureza, quanto orientou as análises sobre a Macumba, por exemplo, considerada um culto "degenerado" (BASTIDE, 1973a).

Para Roger Bastide (1973a), a Macumba seria um fenômeno mágico decorrente da marginalização dos negros no período pós-abolição, e a Umbanda se caracterizaria como expressão da integração dos negros na sociedade emergente de classe. A Macumba estaria, para Bastide (1973a), na linha dos cultos individualizados manifestados de forma *degenerada* (o termo "degenerado" é definido com o sentido de descaracterização de algo original ou condição inferior e decadente). A Umbanda, culto de cunho coletivo, foi concebida pelo autor como um mecanismo ideológico criado pelos negros para se integrarem às novas condições sociais, adaptando e modificando a herança africana. Essa visão foi revisitada pelos pesquisadores dos anos 1990. Sob um olhar crítico, Negrão (1993, 1996a, 1996b) chamou a atenção para a versão simplista da definição de Bastide (1973a), tanto para a Umbanda como para a Macumba. Negrão defende que tanto a Umbanda como a Macumba foram soluções encontradas para situações adversas. Além disso, com relação à Umbanda, o autor frisa a pluralidade desse campo religioso marcado por múltiplos processos criativos. Com isso, Negrão (1993; 1996a, 1996b) relativizou a visão unívoca da Umbanda, bem como as interfaces magia *versus* ideologia, ou "degenerada" e "não degenerada", que rondam as explicações bastideanas para Umbanda e Macumba.

Assim, esse emaranhado complexo em que se inseriu o debate sobre as origens da Umbanda e a contribuição dos povos bantos suscita um conjunto de problemas diferentes e longe de serem aqui resolvidos. O que chama a atenção nessas pesquisas são as marcas do ideal de pureza Nagô e, de acordo com Vagner Silva (1995), certo preconceito com relação aos povos bantos que ainda persistiam nessas orientações teóricas.

Prandi (1991), ao analisar o movimento de formação do Candomblé paulista, afirma que os primeiros Terreiros no Estado de São Paulo surgiram na Baixada Santista na década de 1950. Segundo o autor, enquanto, em São Paulo, os Terreiros se originaram por meio dos pais e mães de santo saídos da Umbanda e iniciados no Candomblé pelos sacerdotes e sacerdotisas migrantes, no litoral, "[…] alguns terreiros já haviam se instalado diretamente na Baixada Santista, mais ou menos em torno do cais do porto" (PRANDI, 1991, p. 94).

Prandi (1991) afirma ainda que o primeiro Terreiro na Baixada foi o de Pai Bobó (José Bispo de Santos) que, vindo da Bahia, instalou-se no Guarujá por volta de 1958. No entanto, esse dado traz dissensos e disputas em torno dessa origem. Muitos dos interlocutores deste livro apontam o Terreiro do estivador Pai Samuel (Samuel Ribeiro – 1911, Pernambuco – 1978, São Vicente), da Nação Angola, como o primeiro de que se tem notícia na Baixada Santista:

> Quando eu era menino, mais ou menos em 1954, eu vi a famosa procissão de Pai Samuel. Ele era do Angola e foi, sim, o primeiro por aqui. Ele foi o primeiro também a fazer procissão em Santos. (Tata Kajalacy, entrevistado em 2014).

Dois aspectos surgem relacionados à história do Candomblé na Baixada: primeiro, a hegemonia do Angola entre os anos 1960 e 1970; e, segundo, a relação entre Umbanda e Angola. Nesse caso, parece que essa ligação ora estava atrelada às alianças contra as perseguições ao Candomblé, ora manifestava certas identidades em torno do Caboclo.

Prandi (1991) analisou o surgimento da Umbanda em São Paulo e sua relação com o processo de expansão do Candomblé paulista. Na perspectiva desse autor, a Umbanda antecedeu o Candomblé na cidade de São Paulo, bem como preparou as bases para sua expansão nos anos 1960.

Muitos sacerdotes se lembram dos Terreiros de Umbanda como algo predominante no universo religioso da Baixada Santista. Contudo, parece que o Angola sempre esteve entrecruzado com a difusão e o surgimento das Umbandas santistas. Possivelmente, essas proximidades estão relacionadas à figura do Caboclo:

> O caboclo sempre foi importante para o povo de santo daqui da Baixada. Até Seu Bobó, que era do Keto, tinha o Caboclo, o Seu Tupinambá. Olhe, posso estar exagerando, mas não havia angoleiro sem Caboclo e, às vezes, o pessoal do Keto também. Com tanta popularidade, todo mundo queria ter Caboclo na sua Casa. (Kimbungo, entrevistado em 2014).

Verificou-se nas entrevistas que os angoleiros em muitos casos tinham dois Terreiros: de Umbanda, em um bairro, e de Candomblé Angola, em outro. Igualmente, havia o Candomblé misto no qual se cultuava Umbanda e Candomblé Angola no mesmo espaço, mas com dias alternados. E, ainda, havia muitos umbandistas que passavam para o Candomblé, mas mantinham a relação com o antigo grupo. Nas palavras do sacerdote:

> Naquele tempo [refere-se aos anos 1950 e 1960] tinha muita Umbanda boa de raiz. Tinha a de Silungaíssi, que tinha Candomblé de Angola e Umbanda. O seu caboclo, Seu Maré Alta, era muito famoso. O nome do seu Terreiro era Vovó Maria do Rosário da Bahia. Tinha também Monanquinã, que tinha o Terreiro de Umbanda perto do cemitério do Paquetá [em Santos] e o Candomblé de Angola no Jardim Rádio Clube. Muitos faziam isso de terem dois Terreiros, um Umbanda e outro Angola. (Tata Kajalacy, entrevistado em 2014).

Esse trecho suscitou as seguintes questões: Por que a Umbanda e o Candomblé Angola estavam tão imbricados? O que significa uma *Umbanda de raiz*?

Em um primeiro momento, o Caboclo se torna o elemento mais visível desse *continuum*. Mas parece que existem outros ingredientes explicativos que nucleavam a ideia de uma Umbanda de raiz, também chamada "negra ou africanizada", e sua relação com o Angola.

De acordo com as entrevistas, a Umbanda de raiz seria aquela cuja fronteira com essa Nação era tênue. Essa proximidade se revelava nas cantigas, sobretudo de Caboclo, em que a linguagem metaforizada constitui um dos seus pilares. Um sacerdote explica que a Umbanda era povoada por códigos e metáforas compreensíveis apenas pelo "povo do santo antigo".

Valdeli Costa (1987), apoiando-se nas descrições do bispo D. João Batista Correa Nery, datadas de fins do século XIX, analisou um rito identificado como de origem banto-angolana, conhecido por Cabula e localizado no Estado do Espírito Santo. Costa (1987) destacou nessa análise que a palavra *raiz*, chamada de *baculos* ou *bacuros*, estava presente na Cabula. Segundo o autor, nessa prática religiosa, o rito começava com a limpeza do lugar, formando um círculo, uma fogueira (como nos jongos mais antigos) e instalando a mesa (também conhecida por *gongá*, *conga* ou, na Macumba, *canzol*) no lado oriental, com toalha, imagens e velas dispostas ao seu redor chamadas de *esteireiras*. Essas esteireiras eram colocadas e acesas em uma ordem ritualística: a primeira a leste, em homenagem ao mar, o carunga (possivelmente corruptela de Kalunga); a segunda a oeste; a terceira ao norte; e a quarta ao sul. Outras esteireiras eram distribuídas em torno do templo, o *Camucite*. Cabe frisar que a palavra "carunga" também foi identificada por Valdeli Costa (1987) na Macumba, na Quimbanda e na Umbanda, mas com a diferença do acréscimo de "grande carunga" para designar o oceano e o "pequeno carunga", o cemitério. Após a preparação preliminar, começava-se a rezar em frente à mesa (oração preparatória também encontrada, segundo o autor, na Macumba, na Umbanda e na Quimbanda). Depois da reza, iniciavam-se os primeiros cânticos, chamados de nimbu, que Costa (1987) afirmou serem os pontos cantados da Macumba. Essas cantigas reverenciavam o carunga – os ancestrais – e os baculos – "espíritos da natureza". Os baculos eram representados por estatuetas que possivelmente, de acordo com Costa (1987), eram as mesmas sobrepostas à mesa. Igualmente, estavam associados a um tipo de raiz destinada aos "ritos de possessão" dos bacuros – espíritos da natureza. Entre os interlocutores, "raiz" parece fazer alusão a uma origem comum e à pureza. Quanto mais próxima a Umbanda estava dos ritos de Angola, maior seria o seu nível de pureza. Sob outro ângulo, "raiz" poderia ser esse veículo para acessar os ancestrais e os "espíritos da natureza" como um símbolo de unidade entre os ritos.

Alguns angoleiros afirmaram que essa relação com a Umbanda apenas era possível com a de raiz considerada menos cristianizada e mais "africanizada" (ou "angolizada"). As cantigas que se remetiam a Jesus ou às almas, por exemplo, teriam um conteúdo muito mais associado ao universo afro-banto do que propriamente católico. A seguir, duas músicas recordadas por um sacerdote do Angola:

> Tinha muita música sobre ancestralidade. Uma era assim: "Lá no cruzeiro divino aonde as almas vão orar. As almas ficam satisfeitas quando os filhos se combinam, quando choram de tristeza quando não querem combinar."
>
> Outra: "As almas dão, as almas dão, para quem sabe aproveitar, mas toma cuidado que elas dão e podem tirar." Todo mundo tinha medo dessas cantigas. Eram bem lentas acompanhadas com o trepidar (trurum, trurum) do atabaque e todos com a cabeça baixa. (Tata Kajalacy, entrevistado em 2014).

No relato, as músicas trazem a trama codificada, em que Jesus simbolizava o culto aos mortos e à ancestralidade. Os símbolos católicos, como o cruzeiro, e a representação da alma parecem estar revestidos de uma cosmogonia afro-banta. O cruzeiro, segundo o interlocutor, significava a própria encruzilhada que estava associada ao mundo dos mortos. O recordador assim destaca: "É na encruzilhada que nasce a vida e também a morte" (Tata Kajalacy, entrevistado em 2014). A morte e a vida se tornam, nessa representação, interfaces de um mesmo fenômeno.

Nesse mesmo relato, o interlocutor recorda outra cantiga de Umbanda de raiz:

> Outra era assim: "Abre a porta, gente, que aí vem Jesus, ele vem cansado com o peso da cruz." E aí o coro: "Vai de porta em porta, vai de rua em rua, vem salvar as almas sem culpa nenhuma." Aí todo mundo já se levantava e batendo palma continuava. O atabaque tocava um toque mais rápido interrompendo a introdução que era lenta. Esse toque rápido era conhecido por "congo de ouro". É um toque que foi extinto do Angola. Tocava para Zumbarandá, Kaviungo e outros Nkisis que estão no terreno da morte. E tocava também na Umbanda de raiz.
>
> Então a continuação era assim: "Aruê, aruê babá, nosso pai é Jesus Cristo, aruê. Filho da Virgem Maria, aruê. Ele foi morto no calvário, aruê. É a estrela que nos guia, aruê. Eu vou abrir meu Kaicó, aruê. Eu vou pedir licença a Zâmbi para abrir meu Kaicó, aruê. É na fé do povo da rua que eu vou abrir meu Kaicó, aruê" (Tata Kajalacy, entrevistado em 2014).

Segundo o próprio sacerdote, essa cantiga fazia uma louvação à ancestralidade, tendo como representação a narrativa de morte de Jesus. A palavra kaicó era compreendida, de acordo com o interlocutor, como o *caminho da morte* ou o *passado evocado no presente*. Assim como o *povo da rua*, tratava-se das encruzilhadas, dos caminhos que devem ser louvados. Povo da rua e kaicó estão ligados à concepção de morte que une Nação Angola e Umbanda de raiz.

Essas cantigas podem estar associadas, como afirmou Costa (1987), ao culto das várias "linhas das almas", isto é, aos antepassados. O autor identificou esse culto na Cabula, na Macumba e na Quimbanda. A forma como foi descrito o rito na Umbanda de raiz insinua uma proximidade com as passagens sobre a Cabula e a Macumba encontradas nas explanações de Costa (1987). De acordo com o autor, após uma introdução, iniciavam-se os cânticos rituais chamados de nimbu ou pontos cantados (da Macumba). Esses nimbus ou cânticos eram dirigidos ao mar e aos espíritos da natureza. Daí a reverência sinalizada pela cabeça para baixo e para cima. Além disso, eram acompanhados em sincronia e dentro de um compasso criado pelas palmas (*quatan* ou *liquaquá*).

Esses depoimentos e descrições trazem as antigas discussões sobre as linhas divisórias entre Candomblé de Caboclo, Cabula, Umbanda, Macumba (carioca e paulista) e Candomblé Angola. Para o sacerdote do Angola:

> Eu presenciei as festas de Candomblé de Caboclo. Era muito interessante porque tinha uma parte do Angola e do Caboclo, mas era tudo misturado. Tinha saída de Caboclo, feitura de Caboclo. E na Nação Angola não existe isso, né? Porque Caboclo não se faz santo, é um ancestral, um morto. A Umbanda de raiz tinha uma parte do Angola, a parte do culto do ancestral que era muito forte nela. E esse culto estava escondido nas cantigas e no sincretismo católico. E, na Nação Angola, o Caboclo é separado do Nkisi. Então, a parte do culto ao ancestral, conseguíamos identificá-la na Umbanda negra ou africanizada.

Mas faltava a outra parte dos Nkisis que estavam no Angola. Entendeu? Agora, o ancestral está no Angola, na Umbanda de raiz e estava no Candomblé de Caboclo também. (Tata Kajalacy, entrevistado em 2014).

Desse modo, se, por um lado, esses ritos estavam ligados ao culto da ancestralidade, por outro, pode-se tentar arriscar a hipótese de certas continuidades e rupturas entre os ritos. Edison Carneiro (1937), ao transpor a análise a respeito das "religiões bantas" para o que ele denominou "folclore banto", parece tratar o universo afro-banto a partir de uma unidade: um *circuito banto* formado por diferenças e similitudes rituais. Essa suposição pode lançar luzes à própria origem do Candomblé e da Umbanda paulista. Esse trânsito da Umbanda para o Candomblé Angola, como explicou Reginaldo Prandi para o caso de São Paulo, poderia, no litoral paulista, estar ligado a processos históricos diferentes.

Prandi (1996) defendeu que o processo de modernização em São Paulo, vivenciado entre os anos 1960 e 1970, criou um contexto (econômico, social e político) no qual a Umbanda já não conseguia mais atender às novas necessidades espirituais. O Candomblé que surgia nesse momento em São Paulo se deparou com relações mais mercantilizadas e que exigiam serviços mágicos que oferecessem ao indivíduo conforto no cotidiano atribulado pela crescente competição. O Candomblé se tornou, na visão do autor, a religião por excelência nessa metrópole "dessacralizada e racionalizada". Os adeptos da Umbanda também passaram a procurá-lo, pois sentiam a necessidade de algo "mais forte".

Um dos aspectos que merecem atenção é a menção de dois tipos de Umbanda: a *de raiz* e a *branca*. A primeira, já mencionada, é situada na periferia de Santos (no litoral paulista), nos bairros negros pobres, de estivadores e nordestinos. Nas palavras de um membro do Candomblé (Kimbungo, entrevistado em 2014), havia "a velha Umbanda de preto e de estivador, e outra, chamada Umbanda branca", esta identificada como elitizada e diferente. Muitos angoleiros afirmaram que esse tipo se tornou hegemônico no cenário santista, sendo que a de raiz desapareceu com o tempo. Os motivos que levaram ao fim da Umbanda de raiz são inúmeros, como: a morte dos velhos umbandistas, a separação do Angola e a mudança interna da Umbanda, entre outros.

Essa concepção de Umbanda branca (pura) e negra (africanizada) foi analisada por Diana Brown (1985), que enfatizou a dinâmica e o processo de constituição da branca. De acordo com a autora, a Umbanda "africanizada" teria surgido nos anos 1950 e a "pura", nos anos 1920. Esta última estaria atrelada aos valores morais e princípios ideológicos característicos da classe média branca. Brown (1985) destaca a função dessa Umbanda no controle e no domínio político das religiões afro-brasileiras por parte dos estratos médios da sociedade.

No entanto, não há elementos suficientes para compreender essa Umbanda africanizada e, muito menos, a Umbanda de raiz em Santos. O que se pode supor, seguindo os argumentos de Rohde (2009), é a presença de um pluralismo de manifestações chamadas comumente de Umbanda, com características e processos históricos distintos.

A Umbanda "branca" ou "pura", na interpretação de Rohde (2009), vem se tornando um modelo para se compreender a totalidade do universo da Umbanda, obstaculizando análises sobre certos tipos e variações. Os intelectuais, na visão desse autor, legitimariam esse modelo generalizante nos estudos sobre a Umbanda. Se o autor, por um lado, não nega elementos que conformam o rito da Umbanda, por outro, chama a atenção para as suas diferenças, particularidades e ramificações. Em suas palavras:

> O que defendo é que essa modalidade de culto, conhecida como Umbanda branca ou pura, não pode emprestar a história de sua constituição, seu mito de fundação, suas crenças e práticas a uma compreensão da totalidade do complexo fenômeno umbandista, como vem sendo feito indiscriminadamente por adeptos da Umbanda e, que me parece mais preocupante, por estudiosos que poderiam aprofundar suas pesquisas não consensuais sobre esse universo. (ROHDE, 2009, p. 13).

De qualquer forma, a chamada Umbanda de raiz e sua relação com o Angola mereceriam pesquisas mais aprofundadas, já que o objetivo deste livro, ao lançar esses temas, consiste apenas em refletir os significados e sentidos atribuídos ao Angola no litoral paulista, bem como entender as suas redes em sua relação com o Caboclo. Isso nos levou a flertar com essa Umbanda que se mostrou importante na constituição da própria identidade desse Angola à beira-mar.

Nesse sentido, nos relatos afirmou-se a transformação dessa Umbanda ocorrida entre fins da década de 1960 e início da de 1970:

> As pessoas já não entendiam as cantigas, achavam que diziam literalmente aquilo que se cantava. E também cristianizaram muito. Eu acho que o povo do Angola já não conseguia mais ver sentido naquela Umbanda branca. Optando pelo Angola. (Kimbungo, entrevistado em 2014).

Verifica-se nesse depoimento uma chave importante para explicar essa proximidade entre Umbanda e Angola:

a cantiga. A palavra se torna uma rede simbólica de significados que ata essas manifestações religiosas. Nas cantigas, a memória de um Brasil negro, escravizado e banto se revela. Uma solidariedade étnica e racial se solidifica por meio da palavra. Esta não é restrita à superfície, como Slenes (1992) destacou, mas imersa em significados mais profundos.

Essa transformação interna da Umbanda criou fronteiras mais delimitadas com o Angola, muito embora as diferenças entre um rito e outro sempre tenham sido notadas pelo grupo. Havia sutilezas nos ritos e nas cantigas que sinalizavam essas distinções. Para uma sacerdotisa:

> Umbanda e Candomblé Angola são coisas diferentes, sempre foram, viu, filha? As cantigas de Caboclo e de seus "capangueiros" são muito diferentes do Angola, apesar que eu ia na Umbanda de raiz e me identificava com as cantigas dela. Hoje tá tudo misturado. Mas antigamente nós sabíamos o que era da Umbanda e o que era do Angola. (Diassu, entrevistada em 2014).

No contexto de mudanças dessa Umbanda de raiz, um episódio narrado reforçou ainda sua presença no litoral paulista e sua ligação com o Angola:

> Nos anos de 1963, por aí, Seu Ciríaco foi em Santos, não lembro se ele estava de fato, mas diziam que era o povo dele, do Tumba Junsara. A praça de Santos encheu. Porque naquele momento as religiões afro já tinham um pouco mais de espaço na cidade. E devemos à Dona Graciana com a festa de Iemanjá. As mulheres estavam todas engomadas e de branco, os homens também estavam de branco. Tinham sete atabaques na praça do Gonzaga e ele começou com essa cantiga: "Se a tua espada é de ouro e sua coroa é de leite, Ogum Tata kumbanda seu kangira é quem manda."

Até me arrepio de lembrar. Todo mundo respondeu. Muitos umbandistas e angoleiros. Por quê? Porque a cantiga que ele cantou juntava umbandistas e angoleiros velhos no santo. Era a metáfora; esse era o segredo, viu? (Kimbungo, entrevistado em 2014).

Cotejando caminhos conjecturais, pode-se dizer que a frase "Tata kumbanda seu kangira é quem manda" citada na cantiga pode ser algo figurado, remetendo-se primeiramente, à função do prefixo "k". Se o retirarmos, ficaria umbanda (kumbanda) e angira, este provavelmente derivação de *engira* ou *gira* (kangira), palavras encontradas na Cabula, Macumba e na Umbanda, como destacou Costa (1987).

O termo "Tata na Cabula", na linha interpretativa de Costa (1987), estava associado aos espíritos ancestrais familiares. Na Macumba, na Quimbanda e na Umbanda, tornou-se sinônimo de pai ou chefe do Terreiro. No Candomblé Angola também permanece esse sentido, Tata de Nkisi (chefe dos Nkisis).

Já *embanda*, na Cabula e na Macumba, significa "chefe da comunidade". A palavra "kumbanda" também poderia ser um derivativo de *kambando*, de que Costa (1987) identificou presença na Cabula e permaneceu na Umbanda. *Cambone*, do kimbundo *kambundu*, é traduzido como "negrinho". No Candomblé Angola, *cambando* é tocador de atabaques. Na Cabula, a função de um cambone era auxiliar o *embanda* nas atividades do Terreiro e com as entidades incorporadas (COSTA, 1987). Talvez essa razão explique o sentido pejorativo da tradução "negrinho". E, por fim, *gira* ou *engira* remete a girar, aos círculos em que se movem os adeptos e entidades.

Desse modo, na cantiga reverencia-se Ogum, representado como aquele que abre os caminhos com sua "espada de ouro e coroa de leite". Coroa, cuja simbologia pode sugerir sentidos como realeza e poder, que a forma circular traz a conexão com o divino. Isso está acrescido às insígnias do leite, interpretado aqui como abundância, imortalidade, iniciação e renovação, entre outros simbolismos.

A lembrança do "povo do Tumba Junsara" reforça os vínculos entre Angola e Umbanda no litoral paulista. Essa raiz do Angola se remete, na concepção do grupo, à ideia de uma herança comum em que o Caboclo surge como peça central. Nas recordações, essa raiz é definida da seguinte forma:

> A palavra Tumba Junsara significa grande mata. Quem não sabe que Tumba Junsara foi um Caboclo? Alguns velhos diziam que o Terreiro de Tumba Junsara parecia um Candomblé de Caboclo, porque o Caboclo era muito importante nessa Nação (Kimbungo, entrevistado em 2014).

Após o relato desse evento, os interlocutores identificam, no final dos anos 1960, mudanças no universo religioso afro-brasileiro, sobretudo com relação à Umbanda de raiz. As transformações dessa Umbanda são rememoradas e parecem coincidir com a ascensão e a morte de Joãozinho da Gomeia, reconhecido pelos membros do Candomblé Angola santista como um dos sacerdotes mais famosos do Brasil. Na década de 1960, Joãozinho da Gomeia se tornou o ícone do Angola, iniciando muitos umbandistas no Candomblé:

> Seu Joãozinho ia nos Terreiros de Umbanda e cantava a cantiga certa, já fazia bolar todo mundo [risos]. Ele iniciava uns vinte de uma vez. Em Santos ele iniciou muita gente da Umbanda. Ele tinha estrutura para isso. Era um homem que tinha olhos no futuro. E ele dizia que o Angola tinha tudo, tinha Caboclo, não precisava da Umbanda (Ogã Nilton, entrevistado em 2013).

Desse modo, na visão do interlocutores, os umbandistas foram migrando para o Angola e um outro tipo de Umbanda, as chamadas "Umbandas brancas", enterrando "a velha Umbanda de preto e estivador". Nesse contexto, o Caboclo percorreu as "Umbandas de raiz", o Angola e, mais tarde, o Keto. Muitos Terreiros que migraram para o Keto após os anos 1970 levaram o seu Caboclo:

> Eu tinha meu Caboclo, e quando toda nossa família de santo virou Keto, a minha mãe de santo deixou todo mundo levar seu Caboclo e Preto-Velho. (Diassu, entrevistada em 2014).

Nesse contexto, para o grupo aqui analisado, não obstante sua disposição em dialogar com diferentes ritos, parece que Joãozinho da Gomeia representou a linha fronteiriça com a Umbanda e o ponto de unidade do Angola. Joãozinho apresentava o seu caboclo Pedra Preta como representante desse rito. Essa imagem se espraiava dentro da Nação e pelas redes conectadas em São Paulo, Rio, Bahia e outros Estados. Assim, o Caboclo reforçava o seu papel no Angola: o mediador entre ritos, Nações e raízes.

CAPÍTULO 2
VIDA, MORTE E FRONTEIRAS

2.1 A fronteira no rito

> *[...] o processo de viver (ser, aparecer, surgir no mundo natural) e morrer (sair, desligar-se do mundo natural), ou seja, acender e apagar, ligar e desligar. Um não existe sem o outro.* (FU-KIAU, 2021, p. 8).

Dentro da Nação Angola existem certas fronteiras guardadas e ritualizadas. Há alguns Nkisis que podem se mover nesses espaços fronteiriços e manipulá-los, como veremos neste capítulo. Um dos limites mais importantes trata-se daquele que separa os mundos da vida e da morte. O Caboclo é uma entidade que percorre esse dois mundos, e uma de suas funções é uni-los.

Na hierarquia do rito, o Caboclo deve obedecer aos Nkisis. Por isso, a sua presença é sempre convocada, bem como a sua despedida. Existem fronteiras que separam Nkisi de Caboclo. No entanto, muitos angoleiros e angoleiras discordam no trato dado a essa fronteira. As narrativas construídas em torno do culto à vida e à morte podem desnudar essas dinâmicas. Tentaremos argumentar que o culto à vida se coloca como um eixo estruturante nessa Nação. Aquilo que se denominou "vitalismo banto" ou "metafísica da alegria" (ALTUNA, 1985) se une a uma rede complexa de culto ligado aos Nkisis – à vida. Nessa trama, narrativas de vida e morte são faces do mesmo processo.

Nos Terreiros observados e pesquisados, verificou-se que a morte é concebida como ruptura, transformação, passagem ou viagem. Conceição (2011), ao analisar a Irmandade da Boa Morte e o culto de Babá Egum no Recôncavo Baiano, destaca que, em muitas cosmogonias africanas, encontra-se a crença em dois mundos paralelos, o dos vivos e o dos mortos. A autora afirma ainda que, para algumas culturas, certas oposições, como vida/morte, final/recomeço, caos/ordem, corpo/espírito, estruturam rituais mortuários. Contudo, a forma de manipular essas dualidades e os sentidos atribuídos a elas conferem especificidades às representações sociais sobre a morte. No caso do Candomblé, morte e vida, nas palavras da antropóloga, são esferas complementares e inter-relacionadas.

Para Tempels (1948, p. 37-38), os povos bantos consideram o homem dotado de "corpo, sombra, sopro (signo da vida) e o homem em si mesmo". O sopro, segundo o autor, designaria o princípio vital, o *muntu*, que circula no homem como força viva e individual. Segundo os relatos de alguns interlocutores, o sopro da vida – a força vital – deixa de existir, e aquele que morreu se desloca para outro lugar. Nesse deslocamento, a relação entre vida e morte surge como pares essenciais nos ritos e narrativas.

Assim, as categorias nativas *lacanje* e *sindalukaia* expressam a maneira como alguns interlocutores deste livro tecem uma lógica sobre o culto à vida, abrindo-nos o universo do Candomblé Angola. O termo "lacanje" foi traduzido como toda a vida do indivíduo (do nascimento à morte); já "sindalukaia" designaria partes dela, formadas no dia a dia desse indivíduo. Essas categorias trazem um conjunto de visões, como a do tempo.

Dessa forma, lacanje seria o todo formado pelas partes (a sindalukaia). É essa última que criaria a história do indivíduo (sua lacanje). Daí a importância de proteger a sindalukaia, uma vez que ela determinará o todo. E esse todo será reverenciado como memória no pós-morte.

Em várias cantigas e rezas, os princípios da lacanje e da sindalukaia estão presentes e articulados com os Nkisis. Cada Nkisi guardaria um tipo de relação com a vida ou uma narrativa sobre ela. Em uma cantiga, o interlocutor traduziu e explicou essa ligação com o Nkisi Mutalambô:

Essa cantiga fala de Mutalambô na sindalukaia. Quer ver? "Ai ai ai sindalukaia é o Nkisi Mutalambô, sindalukaia". [...] Mutalambô representa a fome que deve ser saciada. Nosso dia a dia não é isso? Claro que fome não é só por comida. (Tata Kajalacy, entrevistado em 2014).

Nesse contexto, o ato de matar a fome, segundo a visão desse sacerdote, estaria associado à busca, ao dinamismo que mobiliza o ser e movimenta o universo. A inércia é algo que não está presente nessa visão, pois vida é movimento e afirmação da existência do ser. O contrário seria a sua morte. Nas palavras do Tata: "Essa é a magia do mundo, filha! A vida, a ação. Isso é ungunzo; sem isso estamos mortos, mesmo de olhos abertos" (Tata Kajalacy, entrevistado em 2014).

A palavra ungunzo foi encontrada em quase todos os Terreiros de Angola e traduzida como "poder". Ou ainda, como uma força motriz que se articula com várias e diferentes faces do rito. Há uma crença na manipulação dessa energia vital, seja para aumentá-la, seja para diminuí-la.

Os Aruvaiás (ou Aluvaiás) e Bombogiras (ou Pombagiras) também estão, para alguns angoleiros, emaranhados nesse circuito de proteção à vitalidade do ser no seu dia a dia. Vale resssaltar que essas divindades constituem hoje fatores de delimitação de fronteiras identitárias, como o Caboclo. Muitos interlocutores diferenciaram Bombogira de Pombagira, afirmando ser essa última uma entidade da Umbanda e sem relação direta com o Angola. Mas é possível dizer, por hipótese, que há um diálogo e ressignificações entre Bombogira e Pombagira.

De qualquer forma, a opção por um ou outro termo envolve, portanto, critérios de classificação do grupo nos quais delimitam o que se considera pertencente à Nação Angola ou à Umbanda.

Nesse quadro, Bombogira passa a ser incorporada no panteão de Nkisis como um mecanismo de distanciamento da Umbanda e proximidade com uma suposta ascendência africana. Assim, as roupas dessa entidade são estampadas com vermelho, sem o predomínio dessa cor; a festa é realizada à luz do dia, não mais no escuro; e as consultas ao público, em muitas casas, foram suspendidas.

As definições sobre essa entidade, bem como sobre o Aruvaiá (ou Aluvaiá), se avolumaram, tornando maiores as disputas pela primazia de uma interpretação "tradicional e pura" dessas divindades. Em geral, dentro dos Terreiros de Angola pesquisados, Bombogira (ou Pombagira) simboliza uma energia feminina; e Aruvaiá, uma energia masculina. Podem ser considerados Nkisis, catiços, entidades, energias, exus, Aruavaiá (Aluvaiá), mas tanto Aruvaiá como Bombogira fazem referência à vida cotidiana, à sindalukaia, cumprindo uma função estruturante nesse sistema.

As representações que envolvem a lacanje ou a sindalukaia estão entrelaçadas com a visão de Nkisis, antepassados, magia, ritos, cantigas, rezas, kizilas e kibuke, entre outros aspectos. Desse modo, a lacanje pode ser compreendida a partir de dois focos interligados: primeiro, como força vital que arrefece e dinamiza o ser e o universo; e segundo, como a relação que o indivíduo estabelece com essa força no decorrer de sua existência, sua história. Nas palavras do interlocutor:

> A lacanje é a vida. E vida para nós é tudo. A vida que é força, energia, alegria. Deus não seria isso? A força da vida que nos move. Quanto mais forte ela for, mais plenitude teremos e mais estaremos perto de Zâmbi. Deus deu essa força. Na verdade, Ele é essa força. Ele está dividido e presente em tudo que tem vida no universo. Todos nós e outros seres têm Deus consigo. (Tata Kajalacy, entrevistado em 2014).

Esse relato aponta traços de uma cosmovisão banta que, apesar das diferentes tonalidades e ressignficações, permanecem vivos nessa perspectiva, trazendo a discussão sobre as reinvenções da tradição. Não obstante os limites das análises de Altuna (1985), algumas passagens desse missionário (assim como de Tempels, 1948) dão pistas de pontes contruídas entre elementos da cosmogonia banta e os Terreiros de Angola. Elementos reconstruídos no contexto de diálogos, rupturas e rearranjos desse africanismo banto.

Altuna (1985), ao analisar os fundamentos da cultura tradicional banta, destaca o que "vida" significa para esses povos:

> [...] princípio e fim de todo o criado, e as comunidades bantas têm a sua causa primeira. Deus, princípio formador e informador de todos os seres, inundou a criação com este princípio vital. Deus é manancial e a plenitude de vida. Por isso a vida é para os bantos o maior dom de Deus e uma realidade sagrada e de apreço. [...] Esta vida que é energia, força e dinamismo incessante, impregna todo o universo. (ALTUNA, 1985, p. 46).

O dinamismo e a energia que circula entre os vivos são perceptíveis, segundo os interlocutores deste livro, a partir de duas situações: na saúde e na alegria. Esse "vitalismo banto" carrega sempre o seu contrário, que deve ser cultuado para manter a vida. Por exemplo, o Nkisi Kaviungo representa o estado adoecido ou convalescido do indivíduo. A doença é concebida como algo que interfere na força vital, na medida em que debilita o corpo, santuário de Aruvaiá. Kaviungo está ligado ao corpo que vai se deteriorando (ou não) diante da vida que se esvai. Ainda de acordo com os relatos, esse Nkisi se subdivide em diversas facetas com denominações próprias: na morte que se aproxima (Ajebelunje), na cura

(Unsambo), no cuidado de certos órgãos que contêm vida (Kafunje) e na velhice (Kajanja), entre outras.

Altuna (1985, p. 56) destaca que, para os povos bantos, "a vida concentra-se em certos órgãos que assim são mais poderosos: no sangue [*menga* para os bakongos] e, sobretudo, no coração, nos órgãos genitais, no fígado. Certas secreções concentram-se materialmente, assim, o suor, as fezes, a urina e a saliva. O cabelo e as unhas dos homens e animais encerram o poder do seu dono porque não se corrompem". Nos Terreiros visitados encontrei referência a essa passagem, bem como ritos para reverenciar certos órgãos que guardam o segredo da vida e da morte.

O sofrimento e a tristeza desarmonizam a relação entre o indivíduo e o universo. A sua energia diminui e ele se desconecta da natureza. Assim, os cultos dedicados a Kaviungo são fundamentais para esse culto à vida. Em muitos Terreiros, o Kaviungo "da casa" está assentado do lado de fora, junto à terra, unindo-se a Zumbarandá.

Há, nos assentamentos de Nkisis, a imagem dos cultos à vida e à morte como duas narrativas sobrepostas. Assim, na parte externa também encontramos os espaços sagrados dedicados a Kaviungo e a Zumbarandá, que trazem em cena a terra e a sua relação com a morte, ou mesmo, com a ancestralidade.

Figura 7: Assentamento de Kaviungo e Zumbarandá, Terreiro Ilê N'Zambi, 2016. Foto: Débora Lourenço Blanke.

Nas imagens A e B da Figura 7, o bambu está presente, seja para turvar os olhos daqueles que passam pelos assentamentos, seja para intercalar (em forma de um tablado) o contato entre a terra, o assentamento e as oferendas dedicados a Zumbarandá. O bambu é uma árvore considerada, nesse Terreiro, relacionada aos ancestrais.

Os elementos simbólicos que fazem parte do assentamento de Kaviungo estão ligados à rusticidade e muito se aproximam do orixá Abaluaê e/ou Omolu, da Nação Keto. Existem alguns ritos dedicados durante o ano a esse Nkisi, como a *Cucuana* ou *Kakuana*, cuja tradução, encontrada em pesquisa de campo, seria "Trazer o velho".

Há um conjunto de explicações sobre esse rito. Em dois Terreiros visitados, o cerimonial, ocorrido no mês de agosto e/ou setembro, se dividiu em três etapas: os atos sacrificiais internos; a saída da comunidade para o centro da cidade e a distribuição de pipoca; e a festa pública para reverenciar o Nkisi. Segundo os relatos, a festa para Kaviungo nesse mês está relacionada à cura, sendo a pipoca símbolo de transformação e renovação de ciclos. Em outros Terreiros, no entanto, a Cucuana se aproxima muito da cerimônia de *Alubajé* realizada nas casas identificadas como de Nação Keto.

Em espaços diferentes, há outros Nkisis assentados na parte externa, como: Katendê, Kitembo, Angorô, Cariapemba, Aruvaiá e Nkosi. Há pares de oposição no desenho do espaço do Terreiro. Os Nkisis ligados à vida possuem assentamentos defronte daqueles que representam o seu contrário, a morte. De modo que o próprio espaço do Terreiro vai nos dando pistas dessas narrativas.

Existem Nkisis que circulam nas fronteiras entre a vida e a morte, como Kaitumba, Zumbarandá, Matamba, Katendê e Kitembo, entre outros. Observamos em alguns Terreiros combinações diferentes entre esses Nkisis. Isso se deve às narrativas e interpretações construídas em torno desse culto à vida e às suas fronteiras. É o caso do assentamento conjunto de Katendê, Kitembo e Angorô.

A explicação para essa combinação, de acordo com os interlocutores, está na sua característica, ou seja, todos se remetem ao encantamento. Essa palavra surge em diferentes contextos discursivos; aqui trata-se de um estado de euforia, alegria e ilusão. Diz o sacerdote: "Encantamento é quando você olha para uma bijuteria e enxerga ouro, só que essa ilusão é carregada de alegria, te afeta e te movimenta para agir" (Tata Kajalacy, entrevistado em 2014).

Figura 8: Assentamento de Angorô e Katendê, Terreiro Ilê N'Zambi, 2016.
Foto: Débora Lourenço Blanke.

A imagem à esquerda da Figura 8 expõe o assentamento de Angorô – representado pela cobra desenhada em ferro – e de Katendê, com os cachimbos dispostos no alguidar, bem como a representação de uma linha reta com seis saídas em ferro. Já à direita, vemos quartinhas e cuia com água e a representação da figura mítica do Saci.

O desenho de Katendê simbolizaria, segundo o relato, uma "raiz de cabeça para baixo". Ou seja, trata-se de uma inversão da lógica. A figura da raiz invertida em ferro, nesse Terreiro, se assemelha muito a uma árvore. Essa última pode estar associada à representação do próprio homem. A verticalidade da árvore se une à do homem. E ambos se ligam, de maneira ontológica, a um ciclo vital no qual todos nascem, crescem, morrem e se regeneram-renascem (por meio das suas sementes).

Isso pode nos levar a compreender um dos significados da inserção da figura mítica do Saci nesse sistema religioso. A imagem de um ser com apenas uma perna indicaria o tronco da árvore, e o seu cachimbo, a queima do vegetal, sua transformação. Existe uma simbiose entre homem e árvore. Não há limites, portanto, entre o mundo vegetal e o humano. Essa unidade parece, contudo, criar um mundo paralelo, o "encantado". Daí a explicação encontrada para

Katendê: como um Nkisi associado a ilusões produzidas pela mente humana, ou, como a expressão sugere, "ele caça as cabeças" (Tata Kajalacy, entrevistado em 2014).

Na Figura 9 observa-se a dança sagrada de Katendê, vestido com a cor verde-claro representando o mundo vegetal. É interessante notar que a *performance* do Nkisi, dançando sobre uma perna só, constitui o elemento unificador dessa dicotomia: homem e árvore. Certas cantigas mobilizam a *performance* corporal, bem como fundamentam as explicações no que tange às correspondências simbólicas entre a figura do Saci, humano e mundo vegetal: *Katendê n'ganga kulussu katulá zumbita atulamô; Katendê n'ganga kulussu Kabila de umbinda katulamô*. Na tradução, o sacerdote explica as associações da seguinte forma: "Essa cantiga diz que Katendê anda com uma perna só e caça as cabeças" (Tata Kajalacy, entrevistado em 2014).

Figura 9: Ilê N'Zambi, Caraguatatuba, 2016. Foto: Débora Lourenço Blanke.

Há um conjunto de ritos e visões que se ligam à vegetação, simbolizada especialmente pela árvore. A árvore, ao exprimir a força da vida e de sua renovação periódica, também pode ser compreendida como um lugar ou uma imagem do cosmos, bem como um hábitat de divindades ou de antepassados.

Nesse contexto, é possível mencionar a imagem da aroeira, reverenciada no Candomblé e nos cantos de certas comunidades congadeiras mineiras, como os Arturos. Em alguns Terreiros de Angola, a aroeira está ligada ao culto de Aluvaiá (Aruvaiá), em cujos ritos sacrificiais a árvore e suas folhas são usadas. A imagem está associada à defesa do indivíduo. De acordo com Rosângela Oliveira (2011) a aroeira traz a seguinte metáfora: "Aquela cujos galhos dobram mas não quebram". Essa imagem alegórica, de acordo com a autora, norteia uma narrativa mítica que realça o elemento de resistência à escravidão e o pertencimento étnico-racial.

Se Katendê se relaciona com o mundo vegetal, Angorô está voltado às águas da chuva (simbolizadas pela serpente) e Kitembo, aos dois mundos: céu e terra. Isso implica identificar uma teia simbólica que se remete ao culto da vida. Nesse culto, os Nkisis assumem destaque.

Observamos a forte crença no poder de cura e regenerador das plantas, consideradas sagradas. Nota-se que, nesse universo religioso, há uma reconexão entre planta e chuva. De modo que a água da chuva representaria a vida, a fertilidade; e a planta, a renovação do ciclo vital: "O vegetal é veículo, transporte de um mundo para outro. Katendê tem o poder do feitiço, da magia" (Tata Kajalacy, entrevistado em 2014).

A partir dessa definição dada pelo sacerdote, pode-se dizer que Katendê – símbolo do mundo vegetal – circula em diferentes universos, transpondo as fronteiras.

> [Katendê] Está em todos os mundos e em nenhum ao mesmo tempo, esse é o fardo dele. Essa façanha só é possível em mentes abertas. Por isso pessoas que são filhas de Katendê são todas com mentes abertas e propícias a viver em mundos cheio de ilusões. São pessoas criativas. (Tata Kajalacy, entrevistado em 2014).

Mas como explicar essa unidade: Katendê, Angorô e Kitembo? A partir das observações e explicações dos angoleiros, é possível dizer que a relação de Katendê com Angorô ocorre, possivelmente, em processos de simbiose. Se a vegetação é fertilizada pela chuva de Angorô, então esse – junto com Katendê – também transpõe os mundos e, portanto, as fronteiras. Ambos produzem, com isso, um mundo paralelo, encantado – nos dizeres do sacerdote. E mais: esse encantamento gera alegria no ser, aumentando a sua força interna, daí a sua importância no rito. O mundo vegetal também é símbolo de conhecimento, a magia que o sacerdote destaca. Conhecimento que abrange várias esferas no Terreiro. "Sem a folha, não somos nada, filha" (Tata Kajalacy, entrevistado em 2014).

Gisèle Cossard (1970), ao analisar o Candomblé Angola, destaca os diálogos entre as Nações; através da palavra Angorô, a autora indica as proximidades entre as Nações. Angorô, Nkisi descrito como a divindade da chuva, do arco-íris e como a "serpente da vida", se aproxima de Oxumaré, orixá cultuado na matriz Jeje-Nagô. Tanto um como o outro se remetem aos seguintes aspectos simbólicos: ciclos vitais, fertilidade, unidade do universo, transformação, renovação e movimento, entre outros. A imagem da cobra, muitas vezes, pode se vincular, igualmente, à ideia de imortalidade, uma vez que a sua pele se transforma periodicamente.

Dentro do panteão da Nação Angola, esse Nkisi tem dois tipos: Angorô (masculino) e Angorô Mean (feminino). O primeiro está no ar, ligado à evaporação e à chuva, enquanto o segundo se liga à fertilidade, na terra. A chuva seria o princípio de fertilização, o sêmen viril. Em pesquisa de campo, encontrei o seguinte significado para chuva: "esperma que fecunda a terra" (Tata Kajalacy, entrevistado em 2014).

Nos Terreiros de Angola pesquisados, o princípio feminino une-se ao masculino, a partir da representação da cobra. Essa forma em zigue-zague ou espiralada, à qual alude o movimento da cobra, representa o ciclo da água, a fertilidade, a expansão etc.

Assim, Katendê se move pelos diversos mundos (mineral, animal, ar, água, fogo, vida, morte etc.), por meio da renovação realizada por Angorô. Mas e Kitembo?

O assentamento de Kitembo é simbolizado pela escada (associada, em outros Terreiros, a uma grelha), evocando a ideia de passagem entre o mundo dos vivos e o dos mortos. Também é representado pelo mastro com a bandeira branca. No Candomblé Angola, a árvore de Kitembo, ou o seu mastro, rende um tributo à ancestralidade e ao tempo cíclico. Os mundos humano, vegetal e ancestral se interconectam nesse sistema religioso. Essa conexão recompõe um circuito contínuo entre homem e vegetal. Mais ainda, no caso de Kitembo, a renovação da vida vegetal se remete ao próprio tempo, como veremos adiante.

Figura 10: Assentamento de Kitembo, Terreiro Ilê N'Zambi, 2016.
Foto: Débora Lourenço Blanke.

Outro elemento, presente nas fotos dos assentamentos (mostradas nas Figuras 7, 8, 10 e 11), são as quartinhas abertas e fechadas, bem como as pequenas cuias. Esses objetos sagrados indicariam, nas palavras do sacerdote, uma parte do universo. Em muitos espaços dos Terreiros analisados, há representações do universo, e a água está sempre presente. Isso porque a água seria o princípio da vida, da gestação, do nascimento, da morte e do renascimento.

Assim, pode-se dizer que a tríade analisada (Kitembo, Katendê e Angorô) representa, na verdade, um conjunto de interpretações e narrativas sobre o culto à vida. Vida entrelaçada com os ciclos naturais, com a fertilidade, a renovação, a transitoriedade, a unidade, a magia, o fim e o recomeço, o encantamento (força que move a vida) etc. O Caboclo, nessa perspectiva, está fora desse circuito da vida.

Vale destacar, ainda, que existem diversas versões sobre a disposição dos assentamentos, revelando diferentes relações entre os três Nkisis. Isso pode ser notado, por exemplo, em um outro Terreiro, onde Kitembo está separado de Angorô e Katendê. A tríade se forma entre esses dois últimos e o Caboclo. Nesse caso, reforça-se a característica da mata, e demonstram-se aí outras maneiras de delimitar fronteiras com essa entidade. A centralidade maior ou menor dessa entidade nesse sistema religioso revela certos rearranjos no Angola.

Ao contrário do Terreiro anteriormente analisado, que se localiza em uma zona menos urbanizada no litoral de São Paulo, este se encontra na metrópole paulista. As dinâmicas características da grande cidade levaram o Terreiro a algumas adaptações para o assentamento de Nkisis externos, sobretudo aqueles ligados à vegetação (SILVA, V., 1995).

A impossibilidade de assentar esses Nkisis em áreas verdes implicou a utilização de outros recursos, como os vasos de plantas para simbolizar a relação com a natureza.

Figura 11: Assentamento de Kitembo, Angorô e Katendê Terreiro Mutalambô, Dandaluna e Pai Itaiguara, 2016. Foto: Janaína de Figueiredo.

Na Figura 11, observa-se que Katendê e Angorô estão unidos em um mesmo assentamento. A figura em ferro do primeiro representa os seis pontos do Nkisi. Contudo, ao invés da utilização da imagem da raiz, optou-se pelo desenho de folhas. Angorô, representado pela cobra, se encontra enrolado na planta, ressaltando a ideia já discutida de verticalidade e espiral.

A opção pela figura da planta talvez esteja ligada à narrativa, muito difundida neste Terreiro, segundo a qual o Caboclo, assim como Katendê, tem o poder sobre as folhas. Não é por acaso que o assentamento do Caboclo está ao lado desse outro, porém em uma posição espacial mais proeminente. Não foi permitido fotografar o assentamento do Caboclo, o que indica a inversão entre o que é sagrado e profano nesse Terreiro. Seguindo a foto de Katendê e

Angorô, o Caboclo está assentado à sua direita, em um tipo de altar de alvenaria, disposto no alto, coberto em cima, mas aberto na frente.

Por outro lado, o mastro de Kitembo e seu assentamento estão dispostos, como mostram as fotos da Figura 12, em uma área acima, sendo preciso subir uma escada para se deparar com a imagem sagrada do Nkisi. A escada e o pássaro branco em madeira disposto próximo do espaço de Kitembo são alegorias que reforçam a metáfora do assentamento em ferro. Neste, a escada, a bandeira e um pássaro compõem a figura. Observa-se que, apesar de não estar ao lado dos assentamentos de Katendê e Kitembo, está acima deles, no alto.

Figura 12: Assentamento de Kitembo, Angorô e Katendê Terreiro Mutalambô, Dandaluna e Pai Itaiguara, 2016. Foto: Janaína de Figueiredo.

Isso demonstra, provavelmente, a desconexão da tríade Katendê, Angorô e Kitembo, criando outra: Caboclo, Katendê e Angorô. Nessa combinação, o Caboclo ganha espaço proeminente entre os Nkisis. Já Kitembo está excluído desse espaço fronteiriço. Por outro lado, está acima dessa tríade. Segundo o sacerdote desse Terreiro (Tata Mutalambô, entrevistado em 2016), Kitembo seria o tempo de tudo, a divindade que controlaria esses Nkisis. Vemos, assim, a composição e as hierarquias estabelecidas entre Nkisis e Caboclo. Nesse Terreiro, o Caboclo é incorporado ao panteão, mostrando que nem sempre as fronteiras são cultuadas da mesma forma.

2.2 Narrativas sobre a vida

Kibuke é uma palavra oriunda do kimbundo (*Kibuko*) e significa Deus da Sorte e da Felicidade. Nos Terreiros visitados, o termo foi encontrado em cantigas e rezas. Verificou-se que o culto destinado ao Kibuke traduz a importância da sorte e da felicidade no rito. A narrativa da sorte se encontra com a da vida.

Nos Terreiros de Angola analisados, o kibuke constitui uma reza na qual são reverenciadas a sorte e a felicidade. Na análise de Figueiredo e Kajalacy (2015, p. 35):

> [Kibuke] se transforma em ação do indivíduo sobre o mundo, harmonia com o universo e em felicidade plena. Com kibuke tudo flui na vida. Ter o kibuke [...] é uma das premissas para estar no mundo e se viver com plenitude.

Esse princípio está presente nos chamados ingorossis e/ou *lelês*, conjuntos de rezas que podem chegar a mais de 25 composições diferentes. Há muitas narrativas que envolvem o segredo em torno dos ingorossis. Dois sacerdotes revelaram a existência – no ato de iniciação – do juramento sagrado que impede, entre outras coisas, de revelá-los. Nas palavras deles: "Eu fiz juramento, não posso falar dos ingorossis" (Tata Ajalaunle, entrevistado em 2015). "Eu fiz um juramento, não posso falar, eu trairia meus ancestrais" (Tata Kajalacy, entrevistado em 2014). Porém, outros interlocutores consideraram que o segredo no Angola foi o responsável pelo fechamento da Nação, posicionando-se a favor da "abertura do segredo".

As diferentes justificativas traduzem as dinâmicas de poder que envolvem a prática do segredo. De acordo com Johnson (2002), o mistério religioso não constitui apanágio do Candomblé. Há uma relação intrínseca entre segredo e sagrado, dinamizada pelo ato de "esconder e revelar, conter e liberar" que confere sentido à religião. No entanto, o Candomblé se trata de uma religião em que a prática do segredo é fundante. O grau de conhecimento acerca das divindades e fundamentos é hierarquizado de acordo com os níveis de iniciação.

O autor afirma que existem embates, disputas e negociação pela obtenção dos saberes mais profundos da religião. Segredo que se oculta, mas também se dispersa na rede informal de fofocas e intrigas dos Terreiros. Nessa perspectiva analítica, atualmente a existência do segredo se apresenta como discurso e *performance*, cuja finalidade está ligada à manutenção do poder, do prestígio, da reputação do sacerdote, da sacerdotisa e do Terreiro. Em contrapartida, persistem formas de ritualização do segredo, como os ingorossis.

Não é o foco deste livro analisar a relação do segredo com essas rezas, mas, sim, pontuar que essas rezas movem importantes debates entre os angoleiros com relação à tradição e à pureza do rito. Em linhas gerais, essas rezas variam de uma raiz e/ou família para outra, e sua sequência é criada a partir da necessidade de cada contexto ritualístico. Para cada Nkisi ou ato ritual se evoca um determinado conjunto de ingorossis (também conhecidos como lelês).

Adolfo (2008) destaca que tanto as cantigas e dijinas, como os ingorossis são narrativas míticas e poéticas que formam um *corpus* literário do Candomblé Angola. Esse conjunto de narrativas nos conta sobre os Nkisis, sua origem, suas características e suas qualidades. Também guarda nelas a memória da diáspora banta e dos Terreiros de Angola.

Os ingorossis também têm sido um dos fortes argumentos que confrontam as teses segundo as quais os povos bantos não seriam portadores de um *corpus* mítico organizado como os iorubás. Adolfo (2008, p. 213) aponta a presença desse *corpus* diluído em cantigas, rezas e ingorossis.

Desse modo, para entender o Angola torna-se necessário acessar essas narrativas. As palavras encontradas nas rezas, como *sinavuru*, kibuke (*kibuko*), *gunzo* e *mulungunzo* (*murungunzo*), invocam a sorte, a alegria, a força individual, a ação. São termos que criam unidade entre o Nkisi e o indivíduo e, por conseguinte, deste com as narrativas sobre a vida. A seguir, há algumas dessas rezas recolhidas em Terreiros pesquisados (em destaque as palavras mencionadas).

Nkisi Dandaluna – para a natureza
Sekésse di Kan dandalunda, Sequesse di Kan eu dandá
Sekésse di Kan dandalunda, Sequesse di Kan eu dandá
Ó Kassanje kolassanje ja munquangue
Ndudukaia lakaia da mundelé, azuquendaê [ou kassunteda aê]
Ndudukaia lakaia da munkenun
Angorô mean gongo a samba N'gola Asuele Katunde a monan.
   [ou Angorô mean gogoro samba di angolá Asuele]
Asuele Katunde dandalunda Azuele Katunde
Asuele Katunde Dandalunda Azuele Katunde bará [ou malá]
Ó Kassanje kolassanje ja munquenge
Un'undundukai a lakaia da mundelé, azuquendaê
Un'undundukai a lakaia da munkenun
Angorô mean gongo a samba N'gola Asuele Katunde a malá.

Nkisi Matamba
Oiumbô é um pé de meie
Ai luan gandi kaiango
Eimbure eu ai landi kaiango
Adessutura, adessutura, manetu kaiango
Oiumbô é um pé de meie
Ai luan gandi kaiango

Eimbure eu ai landi kaiango
Adessutura, adessutura, ae manetu kaiango
Oiumbô é um pé de meie

Nkisi Kabila – reza da fartura a Bandalecongo
Bandalecongo e Luanda é maqui macu [ou macri macruz]
Bandalecongo e Luanda é maqui macu [ou macri macruz]
Dandalecongo e Luango é maqui macu [ou macri macruz]
Dandalecongo e Luango é maqui macu [ou macri macruz]
Secresse que crusselia é Luanda é maqui macu
Secresse que crusselia é Luanda é maqui macu

Pembelê – louvação à sorte
Pembelê tondelé Nkisi ê
Pembelê tondelé Nkisi ê
*Ko bingá **kibuko** e vana ovipe*
*Ko bingá un **gunzo** palo a banto, tondelé Nkisi ê*

Nkisi Lembaranganga
Undakulumbanda macuiú
*tateto lemba di nganga que **sinavorussi***
que lembaranganga
kamussanka bakenan
mbanda Zâmbi a pongu maraê katu manaraná
***kibuke** un sambangola, matamba*
E kongo, zazi, angola, roxe pambi de lembaranganga, lembarangange,
  ***murungunzo**,*
Kissonkirá kixá mucumbe, boraê
Katundumbará
Ki pembe, Ki mandela, karakusi,
ta kinankindela, n'gonga, kilunche, kissangue tata kimbanda,
  macuiú
tateto lembá di nganga, uasequeré. Uasequerê.

*Congo a un Zâmbi a pungo borae Katundumbará
tateto lembá di nganga, tumbandagira
Ukandangira di monagirá.*

Nessa trama, Bombogira surge como componente importante no culto à vida e à felicidade. Se, por um lado, os ingorossis são instrumentos sagrados para evocar a alegria (mas não só), por outro, Bombogira constitui o símbolo maior, o estado de êxtase do rito. As risadas emitidas pelo indivíduo que a incorpora *performatizam* o gozo e a felicidade. Igualmente, sua postura com as mãos na cintura ao representar, segundo relato, "a quartinha de duas asas", remete-se ao princípio feminino impresso na figura dessa divindade.

Vale destacar que são parcas as pesquisas acerca do papel dessa divindade na Nação Angola. Sua análise muitas vezes tem sido atrelada aos estudos sobre a figura de Pombagira cultuada na Umbanda. Capone (2004) afirma que o primeiro a citar o termo Pombagira foi Arthur Ramos em *O Jornal* (periódico do Rio de Janeiro), na edição de 12 de outubro de 1938. Mariana Barros (2010) afirma que a Pombagira passou a ser reverenciada de forma sistematizada a partir de 1961. A autora destaca, ainda, que a definição para Pombagira apresenta certa polissemia, de modo que o seu sentido deve ser analisado dentro de circunstâncias históricas e rituais bem demarcados

Na visão dos interlocutores deste livro, a Bombogira representaria o ato sexual, compreendido como uma espécie de encruzilhada ou junção de diferentes caminhos. Ou, ainda, a entidade simboliza o percurso que cria o ser humano e, portanto, a vida.

É interessante notar o quanto a representação do desejo e do ato sexual percorre certas visões míticas e práticas rituais nos Terreiros de Angola. Muitas oferendas dedicadas à Bombogira constituem pequenas paródias do ato sexual. Em geral usam-se frutas (sempre doces), cujas sementes indicariam o ventre feminino fecundado. Nessa lógica, a maçã se destaca como a fruta mais representativa de Bombogira, pois traz a cor vermelha do sangue (da vida) e, em seu interior, faz alusão à genitália feminina, como explicam alguns sacerdotes.

Igualmente o melão, cortado no topo vertical, reproduz, na visão do grupo, o desenho do órgão sexual feminino. Nessa oferenda, é preciso introduzir a colher de pau para simular a relação sexual. Além das frutas, a rosa vermelha, frequentemente em botão, constitui outra oferenda remetendo-se à genitália feminina. É interessante notar que a própria palavra "deflorar" – cujo significado é "colher uma flor" – está associada, na linguagem popular, ao primeiro ato sexual da mulher.

Assim, no Angola, o desejo (princípio feminino) pode ser compreendido como força propulsora e mobilizadora do ser. A Bombogira está ligada à conquista de algo no cotidiano, na sindalukaia. Por conseguinte, se associa à proteção contra inveja e feitiços, causadores da diminuição da força interna.

Mariana Barros (2010) trabalhou com essa ideia de desejo impressa na Pombagira da Umbanda, problematizando a imagem criada a seu respeito em torno da prostituição. Ao analisar a relação entre a prostituição e o sagrado, a autora observa que tais interfaces não foram inauguradas por essa entidade umbandista, mas estão presentes em diversas culturas. Retomando os estudos de Nicki Roberts (1992) e Qualls-Corbett (2005) sobre a história da prostituição, a autora enfatiza o caráter divino desse fenômeno. Em algumas passagens, pontua a função mítica e civilizatória do sexo em algumas sociedades do passado. As prostitutas eram deusas e/ou sacerdotisas, cujo controle sobre os homens parecia lhes conferir autoridade e poder. O culto a essas deusas do amor, do sexo e da paixão – "prostitutas sagradas" – criava um espaço de liberdade para a sexualidade feminina:

> Desejo e resposta sexual, vivenciados como poder regenerativo, eram reconhecidos como dádiva ou benção do divino. A natureza sexual do homem e da mulher e sua atitude religiosa eram inseparáveis. Em seus louvores de agradecimentos ou em suas súplicas, elas ofereciam o ato sexual à deusa, reverenciada pelo amor e pela paixão. (QUALLS-CORBERTT, citada por BARROS, M., 2010, p. 194).

Mariana Barros acrescenta que, ao longo da história, a substituição de modelos matriarcais por patriarcais resultou na transformação da sexualidade feminina. A prostituição cada vez mais foi ganhando estigmas sociais ; e a mulher, associada à figura maternal. Especialmente no cristianismo, o erótico passou a ser associado ao demônio, e a representação da Virgem Maria – e tudo que isso suscitou em termos simbólicos – levou à separação entre sexualidade, espiritualidade e feminilidade.

No caso das Pombagiras, Mariana Barros (2010) retoma essa imagem paradoxal de "prostituta sagrada" para reforçar a ligação entre "sexualidade e espiritualidade" que a entidade inspira.

Nos Terreiros de Angola, não há essa essa relação direta entre a Bombogira e a figura da prostituta. Há alguns sacerdotes e sacerdotisas que criticam diretamente essa associação. Mas observa-se a erotização dessa divindade, sendo o seu símbolo a encruzilhada de três pontos, em T.

Todos os filhos e filhas de santo, em alguns Terreiros, têm sua Bombogira, assim como seu Aruvaiá/Aluvaiá, assentada Eles ficam, geralmente, em quartos separados, um ao lado do outro – ou juntos, a depender do espaço físico do Terreiro, mas com linhas divisórias demarcadas. Não foi encontrado caso em que se observasse algum indivíduo feito nesse Nkisi. Parece a mesma polêmica com relação à feitura ou não da pessoa em Exu, no Keto. Desse modo, em algumas casas não se inicia (raspa) nenhuma pessoa em Aruvaiá nem em Bombogira. Muitos sacerdotes e sacerdotisas afirmam que um ou outro vem sempre como segundo Nkisi, formando uma dupla em que o primeiro se entrecruza com o segundo.

Capone (2004, p. 108) afirma que o termo "pomba-gira" poderia ser corruptela de Bombogira, um tipo de Exu do Candomblé da Nação Congo ou Banta. Para essa autora, existiria uma ligação entre o Exu feminino e a Bombogira dos Candomblés Bantos, ambos equivalentes ao Exu iorubá. Para Augras (2008, p. 30-31), a Pombagira seria uma recriação do Exu iorubá no Candomblé Congo.

Por outro lado, em kikongo, existem as palavras *phambu* e *mbambo*. No primeiro caso, significa encruzilhada em si; e, no segundo, o que se carrega ao atravessá-la. Assim, tanto um como outro termo estão ligados a caminhos cruzados (NGUMBA, 2016). Logo, Pombagira (*Phambu gira*) e Bombogira (*Mbambo gira*) encontrariam possíveis sentidos nas línguas bantas.

De acordo com os sacerdotes entrevistados, a palavra Bombogira seria uma corruptela de *Phambu N'jila*. Nessa versão, seria um tipo de Aluvaiá, sem nenhum elemento feminino e, portanto, sem o culto à Bombogira. Neste caso, pode-se raspar o filho ou a filha que carrega tal Nkisi.

Já em um outro Terreiro, encontrei o uso de *Pambu N'Zila*, força masculina, traduzida como o "senhor das encruzilhadas", mas cultuado ao lado de Bombogira, força feminina, a "senhora das encruzilhadas". Nessa interpretação, o sacerdote apontou os seguintes tipos de Aruvaiás e Bombogiras:

Bombogira forma dois tipos, pangira e bombogira. A primeira é sexo sem amor, e a segunda, sexo com amor. E os Aruvaiás são: Mavambo, Mavile, Etajelunge, Biolatan (Biolê), Pambanguela, entre outros. (Tata Kajalacy, entrevistado em 2014).

É curioso que tanto a Bombogira quanto o Aruvaiá estão ligados ao culto à vida, a sindalukaia, e ambos o *performatizam* por meio do riso. Há no Angola uma sacralização do riso. Isso pode ser observado em uma cantiga a Aruvaiá: "Biolé, Biolé, Biolé eieie di papaco, Biolé, Biolé, Biolé agramansuê, hahahaha a gramansuá". Bioletan é um tipo de Aruvaiá, cujo significado dado em pesquisa de campo seria o "Senhor da risada".

A gargalhada de Aruvaiá/Aluvaiá e Bombogira parece fundar e libertar o mundo. De outra forma, pode ser entendida como inversão da ordem e crítica social, por um lado, e liberdade e fecundidade, por outro. O riso dionisíaco de Bombogira e Aruvaiá manifesta sarcasmo (derrisão), jocosidade e alegria de viver. As palavras zombeteiras, obscenas e extravagantes que acompanham sua gargalhada manifestam um conteúdo subversivo e traços de certa *carnavalização*, no sentido dado por Bakthin (2008) ao analisar aspectos da cultura popular na Idade Média e no Renascimento buscando compreender, entre outros aspectos, o significado do carnaval, definido como um espetáculo ritualístico que funde gestos e ações criando uma linguagem simbólica. Para esse autor, o espetáculo carnavalesco torna-se um lócus de inversão, dentro do qual os sujeitos excluídos e marginalizados passam a ser protagonistas desse mundo simbólico. O carnaval representa extravasamento – o "mundo às avessas". Nesse contexto, o riso coletivo constitui elemento que cria certa unidade à ordem repressiva. Mas também evidencia oposições vividas pelo homem medieval: mundo cômico *versus* canônico; opressor *versus* libertador.

A imagem da Bombogira reinstaura a função do riso no Candomblé, sobretudo no culto aos antepassados. Isso se deve à crença segundo a qual essa divindade representaria o primeiro contato com a ancestralidade. O riso estaria articulado com a origem do ser e o início dos tempos. O seu culto está ligado também à origem mítica do ser humano.

Dessa forma, a Bombogira é reverenciada como o início da vida e de sua renovação nos descendentes, trazendo outras conotações para a morte. Isso explica por que as primeiras cantigas de abertura das festas e cangira no Angola (em muitos Terreiros) dedicam-se a essa divindade. Como demonstra a cantiga: "Bombogira já mucangue aiaiai orere, Bombogira já mucongue aiaiai orere ôô. Bombogira que jacujango". O sacerdote traduziu da seguinte forma: "Ela é a rainha, é muito bela" (Tata Kajalacy, entrevistado em 2014).

O culto ao desejo, à sedução e à sexualidade, tão importante no Angola, se associa ao próprio conceito de beleza. A sexualidade ganha outras conotações nessa cosmovisão, ligadas à liberdade, ao belo, ao prazer, ao poder e à alegria. Enfim, uma reverência à vida.

Assim, as narrativas sobre esse culto à vida envolvem combinações entre os Nkisis, a centralidade ou não de Aruvaiá e Bombogira, a manipulação maior ou menor das fronteiras e, por fim, o papel dado ao Caboclo nessas dinâmicas. Existem elementos que percorrem, igualmente, todas as explicações dadas nos Terreiros de Angola. No entanto, as articulações e os arranjos desses elementos variam. Essa variedade de explicações pode estar associada ao diálogo com certas tradições, maior ou menor idenficação com discurso purista ("angolacentrismo") e relações de poder que norteiam as casas de Candomblé Angola. É interessante notar que as narrativas sobre a vida existem em contraste com aquelas ligadas à morte.

2.3 Narrativas sobre a morte

Nos Terreiros observados, quando um indivíduo morre, utiliza-se a expressão *kufou*. O termo é, provavelmente, derivado da palavra em kimbundo *kufua*, cujo significado pode ser definido como: "deixou de existir para o mundo" (ASSIS JÚNIOR, 1967). O termo "kufar", nos Terreiros analisados, significa morrer: exprime a primeira fase dos ritos mortuários, marcada pela divulgação da morte entre os membros do grupo. Após esse momento, inicia-se a organização das práticas fúnebres.

Conceição (2017) aponta que as representações mortuárias africanas podem ser observadas na organização dos ritos de despedida – com o enterro e o luto coletivo; na morte simbólica do grupo enlutado; e, por fim, na realização de ritos ligados à preservação das lembranças dos antepassados. Todo esse ciclo demonstra, segundo a autora, a passagem de um período de caos e desordem social causado pela morte para outro, de retorno à harmonia e à rearticulação interna do grupo.

Na Nação Angola, a palavra abó trata-se de uma outra categoria nativa para indicar a evocação da morte. Há uma cantiga que ilustra essa etapa: "a naê a ku abó, indere ô, a naê a ku abó, indere ô". É traduzida pelos sacerdotes entrevistados como "traga a morte". Assim, primeiro evoca-a para depois expulsá-la da comunidade. Nesse contexto, alguns Nkisis são representativos, como Zumbarandá, responsável em trazer a morte e levá-la de volta.

A primeira fase das cerimônias funerárias se caracteriza pela tentativa de unir o defunto com a morte. Os cânticos fúnebres procuram formar o espírito, o Vumbe, e "conscientizá-lo" de sua própria morte. Em um dos dias do rito, a presença e a manipulação das cabaças cumpririam esse papel de evocação e de encaminhamento do Vumbe para os portais de Kitembo, constituindo uma segunda etapa do rito.

O respeito a esse ciclo mortuário é acompanhado de rituais direcionados para dissociar o corpo das energias que outrora o moviam. O sirrum ou *macondo*, no Angola, é tão importante quanto o nascimento de um indivíduo, isso porque a sua realização implica a continuidade do ser em outra esfera do sagrado. A sua não realização, segundo depoimentos, trará consequências negativas para seus descendentes. O morto desritualizado se tornará, na visão desse grupo, um espírito esquecido e andarilho.

Segundo a concepção dos entrevistados, a morte é decorrente de dois fatores: 1 – acidentes, que interrompem a vida bruscamente; e 2 – esgotamento do tempo de vida natural de homens e mulheres. Os ciclos vitais não correspondem necessariamente ao tempo cronológico e/ou biológico, isso porque são determinados pela forma como o indivíduo se relacionou com as suas sindalukaia e lacanje. Existe um tempo que corre paralelamente ao cronológico, que corrói a vida e precisa ser cuidado. O tempo que ninguém vê, denominado Bumba Kalunga. Cabe destacar que sempre escutei em Terreiro a expressão Bumba Kalunga, que pode ser traduzida, no contexto em que foi pronunciada, da seguinte forma: "vá então"; "corra"; ou "transpõe-se ao tempo de Bumba Calunga". Assunção (2004), em sua pesquisa sobre o culto de Jurema em Terreiros de Umbanda do interior do Nordeste, encontrou o termo Bumba Calunga referindo-se a um "Caboclo feiticeiro, Caboclo de Jurema".

A palavra *Mbumba* foi encontrada nas análises de José Carlos de Oliveira (2008) quando descrevia aspectos da cosmogonia dos kongos. *Mbumba* trata-se, segundo o autor, da divindade que rege a terra e as águas, estando ligada e representada pelo caracol e pelos búzios. A forma espiralada está relacionada ao tempo e à ancestralidade.

Também encontra-se a referência a *Bumba* em Vagner Gonçalves da Silva (1995) que, ao apontar as diferenças entre Macumba e Umbanda nos escritos de João do Rio, cita a seguinte passagem: "Bumba, bumba, ó calunga, tanto quebra cadeira, como quebra sofá. Bumba, bumba, ó calunga" (RIO, 1951, p. 27). Esse trecho de cantiga, atribuída a autoria aos cabindas, parece conter os códigos linguísticos em metáforas muito utilizados entre os povos bantos, como analisou Slenes (1992). Ao mesmo tempo, traz a ideia da perecibilidade do tempo, simbolizada pelo Nkisi Bumba Kalunga.

A morte anunciada por Kaviungo desencadearia vários processos que passam a estar representados por outros Nkisis, como Zumbarandá, Kaitumba, Matamba e Kitembo. Kaviungo representa a deterioração do corpo; Zumbarandá traz a morte para formar o espírito; Kaitumba simboliza o sepultamento do corpo – o kalunga seria o grande cemitério dos angoleiros; Matamba leva o Vumbe para Kitembo; e esse o recebe, transformando-o em ancestral.

Observa-se que o tema da morte, em alguns Terreiros de Angola pesquisados, não obstante as suas idiossincrasias, estabelece certas proximidades com alguns ritos e visões presentes na Nação Keto. Cossard (2014), em *Awô: o mistério dos orixás*, analisa alguns aspectos do Candomblé a partir das seguintes matrizes: Keto (iorubá), Congo-Angola (banto) e jeje (fon). Com isso propõe-se a apontar diferenças e semelhanças.

No que tange aos ritos de passagem, a autora descreve que na tradição iorubá há três orixás que representam a morte: Oyá, Iewá e Nanã. A primeira traz a morte; a segunda é responsável por desfazer o corpo (ará) sobre a terra, tornando-o pó. Por fim, Nanã conduz, com o seu ibiri, o ori (cabeça e/ ou orixá) que retorna para o Orum, juntando-se à sua parte gêmea. Já o sopro da vida, emi, se apaga e retorna para Olodumare, "reintegrando-se a essa energia primordial que mais tarde se torna fonte de vida para um novo ser humano" (COSSARD, 2014, p. 191). A autora completa destacando que o ori devolvido também será "aproveitado" para criar outro ser, seus descendentes.

Não obstante as proximidades entre a Nação Keto e a Angola, assinalam-se diferenças nas maneiras de interpretar esses diálogos. Como assinalado, os Nkisis ligados à morte no Angola formam outras combinações e articulações. Contudo, tanto numa matriz como na outra, acredita-se que, embora anunciada a morte, há um processo em que a matéria morre gradualmente. O rito funerário ajudaria na passagem e no deslocamento do corpo, da energia vital, bem como na formação do espírito (Vumbe ou Egum).

A esse respeito, Rosângela Oliveira (2011) destaca que a crença na continuidade entre vida e morte, compartilhada por grande parte dos povos africanos, cria rituais e práticas funerárias que atuam sobre o corpo, já que, dentro dessa visão, "ele guarda as histórias dos homens e os liga diretamente a sua configuração ancestral" (OLIVEIRA, R. P., 2011, p. 65).

No caso do Angola, procuram-se ainda estabelecer elos entre esses ritos e uma dada concepção de humano. Nessa linha, define-se o ser humano como parte da natureza e do universo e formado a partir de energias (Nkisis). O seu corpo (a matéria) protegeria os seus núcleos enegéticos, quais sejam: a força vital (a vida) e o seu Nkisi (a natureza). Nos Terreiros analisados, o sacerdote assim relatou: "Eu aprendi com os velhos que o ser humano é como um ovo. A casca é a matéria, a clara, a força vital, e a gema, o Nkisi. Eu nunca mais esqueci dessa explicação" (Tata Kajalacy, entrevistado em 2014). A Figura 13 ilustra esse modelo.

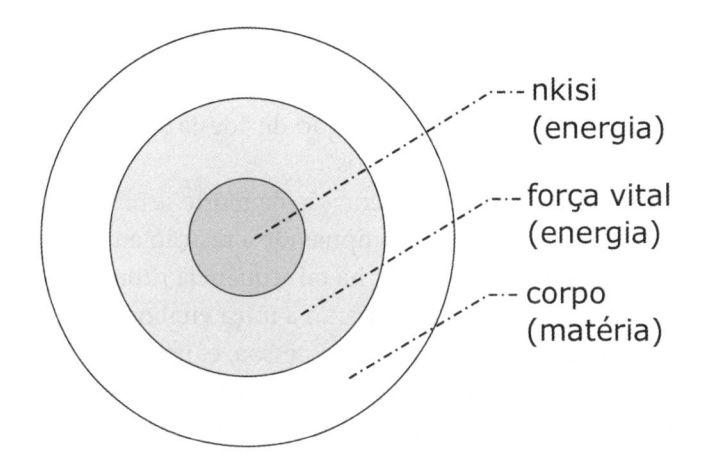

Figura 13: Estrutura do ser humano no pensamento Angola. Desenhado conforme modelo de Tata Kajalacy, Caraguatatuba, 2014.

No ritual mortuário, verificou-se a seguinte explicação: a energia vital não pode morrer com a decomposição da matéria, pois ela tem uma dimensão divinizada, é parte de Zâmbi (Deus). Por isso, nesse rito, que durou sete dias, houve o sacrifício de uma ave (o pombo) para assegurar que levasse a vida para a atmosfera.

Segundo relatos, o pombo representa aquela ave que mais alto voa e entrega a vida para o universo. Isso porque o pombo e outras aves, como a galinha-d'angola, podem transpor certos limites. Por outro lado, quando esse limite é aberto, na visão do grupo, são precisos rituais para fechá--lo. Enquanto isso, é preciso tomar certos cuidados, pois acredita-se que a morte ronda a comunidade.

O silêncio, o não pronunciamento do nome do morto e o "rito da vassoura" (em que os membros do Terreiro varrem, com a vassoura de palha de Zumbarandá, o espaço físico como parte do rito fúnebre) enganam o pombo e apagam os rastros da morte. Zumbarandá, apesar da sua relação com o tempo vital (nascer, viver e morrer), está muito associada à morte em si. Para alguns membros do Angola, a vassoura dessa divindade simboliza a ação de "desfazer as pegadas da morte no mundo dos vivos".

Verificou-se que a representação da morte se prende também à maneira como se compreende a relação entre Nkisi, força vital e matéria. Assim, há tal sequência ritual: primeiro, preparam-se ritos para libertar a força vital no universo; em seguida, cria-se o espírito da pessoa; e, por fim, vêm os ritos para o seu Nkisi retornar para a natureza. A evocação do espírito constitui a parte mais tensa do rito, pois, segundo a interlocutora, "precisamos ser rápidos para o espírito não trazer lembranças dolorosas da vida" (Mameto Diassu, entrevistada em 2014).

Cabe destacar que o espírito do ser humano trata-se, na verdade, da sua memória. Essa afirmação pode ser ilustrada com o seguinte depoimento:

> As pessoas acham que alma e espírito são iguais ao que o espiritismo fala [risos]. A alma ou espírito é a lembrança. É a coisa que sobra do morto e se perpetua. Por isso, quando pronunciamos o nome da pessoa que morreu, precisamos corta. (Ogã Nilton, entrevistado em 2014).

Esse corte faz-se da seguinte forma: a pessoa passa o dedo em volta da própria cabeça no sentido horário e o estrala, pronunciando "guiá no Zâmbi" ("vai com Deus"). Verifica-se a importância conferida à memória, mas, ao mesmo tempo, não se pode evocá-la aleatoriamente.

2.4 O portal de Kitembo: culto à memória ancestral

O culto à memória consiste em uma das premissas que norteiam a estrutura religiosa do Candomblé, pois é nela que o indivíduo subverte a morte, tornando sua existência infinita.

A lembrança daquele que se foi é sagrada e guardada, no caso de algumas Casas de Angola, por Kitembo. Esse Nkisi, segundo os relatos, torna-se o guardião da memória ancestral. Todos os Vumbes que atravessam os portões de Kitembo entram no mundo invisível e imortal da memória.

No entanto, obervou-se que Kitembo faz uma dupla com Caboclo. Assim, para alguns interlocutores, a vida do morto pode ser prolongada por meio do seu passado – guardado e rememorado pelo Caboclo. Essa entidade percorre os tempos imemoriais. Nessa narrativa, o Caboclo se associa a Kitembo na manutenção da memória ancestral. Mas, aí, as fronteiras ainda estão demarcadas, como veremos. Parece que se trata de um Caboclo reafricanizado.

Existem poucas pesquisas sobre o culto a Kitembo. Machado (2015), ao analisar a visão do tempo no Candomblé Angola, traz importantes aspectos a respeito desse Nkisi. Em rica coleta de dados etnográficos em Terreiros de Angola, principalmente em Salvador (Bahia), a autora apresenta diversas representações que envolvem Tempo ou Kitembo. A pesquisa priorizou mais a descrição das narrativas encontradas em campo do que a sua interpretação. Essas narrativas, no entanto, mostram um conjunto de visões sobre esse Nkisi, como os conflitos em torno das fronteiras entre Caboclo e Kitembo e, por outro lado, a polêmica que envolve o sincretismo afro-católico. A pesquisa também destacou algumas particularidades em torno do culto a Kitembo, como a sua comemoração no mês de agosto. Alguns dos interlocutores afirmaram ser o mês de São Lourenço, santo católico. Outros destacaram a relação com Kaviungo. A comemoração em agosto para Kitembo não foi encontrada na pesquisa de campo nos Terreiros paulistas. Isso mostra a diversidade de discursos nesse campo religioso.

Kitembo, nas explicações de muitos angoleiros, é um Nkisi do limiar, do "entremundos". O seu papel parece ser um dos mais centrais dentro do panteão do Angola, pois ele está associado à memória.

Nas descrições dos sujeitos deste livro, essa memória ancestral aciona uma temporalidade circular em que presente, passado e futuro se encontram em diferentes momentos. Assim, quebra-se a linearidade do tempo e instaura-se a ideia de uma "espiral ascendente", como enfatizou Giroto (1999). Cabe ressaltar que a figura da espiral está representada nos ritos ligados ao caracol ("caracol de Zâmbi"), e se remete à ancestralidade e também à infinitude.

José Carlos de Oliveira (2008) analisou a representação da espiral entre os kongos, encontrando uma correlação com a concepção do tempo e da ancestralidade, ambos divinizados. Não apenas o caracol e os búzios são emblemas sagrados dos povos kongos, mas igualmente o cordão umbilical. A ideia que perpassa essas figuras consiste na simbologia do enrolar-se, ou seja, de formas circulares que se repetem, mas sempre em planos diferentes. É possível acrescentar que, sob determinados ângulos, o formato da espiral se traduz em labirintos.

O jogo de búzios se insere nessa paisagem, em que a espiral do tempo, da ancestralidade, e o labirinto se interconectam. Em alguns Terreiros de Angola, encontrei a denominação Talamessu ou Taramessu, traduzida pelos interlocutores como "o grande olho, aquele que enxerga para além" (Tata

Kajalacy, entrevistado em 2014). Essa prática oracular muito recorrente no Candomblé se mostrou, nas vozes do grupo entrevistado, a chave para acessar o mundo invisível.

O Taramessu, segundo a interpretação desse sacerdote, se caracteriza como um espaço fluido em que os tempos se encontram e as energias do universo se comunicam. Os búzios no Candomblé lançam olhares para o indivíduo, tentando decodificar o labirinto de sua existência; daí ser infinito. Torna-se uma narrativa tecida em espiral e, com isso, envolta de segredos. A vida daquele que consulta o Taramessu se mostra e se esconde, como o movimento da memória.

Não se acredita em destino, mas em momentos regidos pela proximidade ou não com o kibuke, isto é, a sorte. A crença em momentos, às vezes efêmeros, está vinculada à concepção de um dinamismo que se imagina característico do universo. Assim, nada está predeterminado na vida de um ser humano:

> Nós temos a nossa lacanje em nossas mãos e fazemos dela o que queremos, mas lembrando que tudo se paga um preço porque somos múltiplos. Somos de nós mesmos e de outros: antepassados, natureza, universo. (Tata Danda Kessi, entrevistado em 2014).

Dessa maneira, o que percebemos nesse Terreiro é uma dada concepção de tempo transbordando em diversas práticas e comovisão. Não se trata de um tempo predefinido, ele parece ser aberto. De modo que não existe uma representação apenas de tempo, mas muitas delas.

Kagame (1975), ao analisar o conceito banto de tempo, identificou uma unidade entre espaço e tempo. Essa unidade tem como função localizar o existente, não os seres. A localização determina o surgimento do tempo-espaço, não o contrário. Para o autor, existe um movimento próprio de cada existente (força vital).

Tempels (1948, p. 34-36) destacou que expressões como força, vida potente ou força vital desempenham uma função importante nas práticas religiosas bantas, sendo evocadas em orações. Isso porque, o ser – a existência – é sempre um "ser força". Em outras palavras, a existência não se dissocia da força e a força não se descola da existência. Tudo que existe tem força vital. No pensamento banto, segundo Tempels, o mundo é percebido por essa energia que o rege, o ser-força, denominada *ntu*. Tudo aquilo que existe compõe-se dessa força: Deus, homens vivos, os mortos, animais, plantas e minerais. Assim, a realidade é percebida por meio da existência dessa energia vital, bem como pelas quatro categorias de existentes: *muntu, kintu, hantu* e *kuntu*. A primeira se refere ao ser humano, o ser-inteligência. O *muntu* possui capacidade de ter consciência de sua existência e, dessa forma, agir sobre ela. Nessa categoria incluem-se vivos e mortos. Os antepassados, nessa lógica, são seres inteligentes, e nem a morte pode retirar-lhe esse atributo. Já o *kintu* se trata de um ser sem inteligência, ou seja, que não atua sobre si mesmo. Nesse formato de força vital encontramos: terra, mineral, plantas, ferramentas. Pode-se dizer que essa categoria alimenta e é acionada pela força humana. O *hantu* compõe o terceiro ser-força e representa o tempo e o espaço para os bantos. Por fim, o *kuntu* é uma enérgica ligada às emoções humanas.

O existente, ao ser localizado no tempo e no espaço, torna-se um evento único. Isso significa dizer que a mesma entidade existente não se repete nem se reproduz. Assim, segundo Kagame, o tempo é criado e só existe como localização. Cada evento criado possui seu próprio tempo. Nas suas palavras: "Assim que irrompe a ação ou evento, o tempo é marcado, selado, individualizado, tirado do anonimato, e se torna o tempo desse evento" (KAGAME, 1975, p. 115).

Talvez essa seja uma pista para entendermos o mastro de Kitembo, como uma imagem de temporalidade. O mastro seria uma localização desse espaço-tempo do Terreiro – o existente. A bandeira, a direção de novos eventos e, portanto, outros tempos ("outros eventos").

Em alguns Terreiros, o movimento do Sol parece orientar a construção de um tempo ritual. Os interlocutores apontaram a existência de um tempo que acompanha o movimento da natureza (Sol, maré, Lua etc.) e que os rituais devem estar sujeitos a ele. As fases da Lua, do Sol, da maré norteiam esse "tempo vivo", termo utilizado pelo sacerdote.

Em todos os rituais a ideia de um tempo-espaço está presente. Uma espécie de bússola que guia as oferendas mostrando o momento exato, único e perene para o indivíduo se conectar com o existente (a energia vital), ou seja, o sagrado.

Uma imagem muito utilizada nos Terreiros para se referir ao tempo trata-se também da representação da encruzilhada. A simbologia da cruz (encruzilhada) foi analisada por vários autores, que afirmaram que a imagem da cruz representava, para a cultura banta, o movimento do Sol sobre o kalunga (rios e oceanos) (SLENES, 1992; THOMPSON, 1984; THOMPSON; CORNET, 1981).

Os significados da cruz e do kalunga estão ligados a muitos sentidos e crenças centro-africanas. Bunseki K. Fu-Kiau (2001a), em *African Cosmology of the Bantu-Kôngo*, traz diversas definições para o termo kalunga, construindo a partir daí um ideograma do pensamento kongo, sintetizado na Figura 14. Segundo o pensador, para os povos bantos (kongos) o círculo cortado por uma linha reta horizontal representaria a imagem do vazio (*mbungi*).

Nessa cosmologia, tudo começou com o vazio (*mbungi*). Havia somente o nada, um mundo sem vida. Fu-Kiau (2001a) acrescenta que, nesse vazio, forças invisíveis agiram de forma natural. Mas uma "força de fogo" se criou por si mesma e se espalhou. Essa força se tornou uma fonte de vida, o Kalunga, que explodiu. Dessa mudança, surgiu vida na Terra.

Assim, a palavra Kalunga pode ser entendida nesse contexto, como força, vida e mudanças. A fonte de vida passou a ter a imagem do oceano – já que este surgiu após essa grande explosão. E o oceano, no ideograma de Fu-Kiau (2001a), trata-se dessa linha que preencheu o vazio. Kalunga, além de representar a vida, também é um limite entre mundos, dos vivos, dos mortos, da água, da terra.

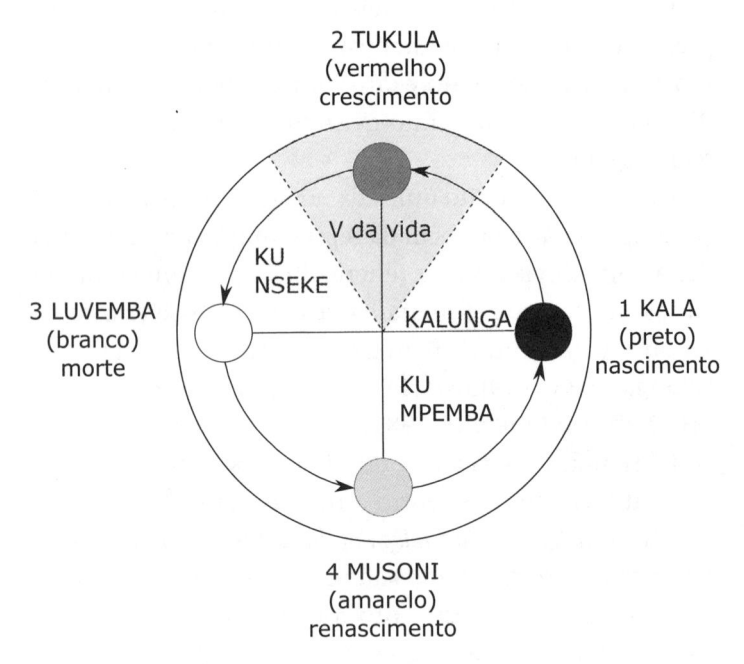

Figura 14: A cosmologia e o ciclo da vida no pensamento kongo. Desenhado com base em Fu-Kiau (2001a).

Como a Figura 14 mostra, o autor articula o movimento do Sol com o ciclo de vida dos seres humanos. Nessa imagem, há detalhes de uma visão sobre o tempo. Assim, o humano nasce, como o Sol. E, como tal, ele acende o fogo de sua existência (força da mudança e da vida). Essa fase, denominada *Kala*, se caracteriza com o surgimento da vida ou "da vontade de existir" (FU-KIAU, citado por SANTOS, T., 2019, p. 23). A cor preta, da vida e do nascimento, representa essa fase.

A próxima fase trata-se da *Kula* ou *Tukula*, simbolizada pela maturidade. A cor vermelha expressa essa etapa da vida dos humanos. Fu-Kiau (2001a) destaca o símbolo da posição ereta, ou seja, a verticalidade do humano, construindo a conexão entre os polos: céu e terra. Nesse momento, de acordo com o pensador, apenas alguns alcançam o ápice, representado no cosmograma kongo a partir da figura do V, que representa um cone de força (o "V da vida").

O V significa poder, conquistas, criatividade, reconhecimento social etc. A intensidade e o tempo vividos nessa zona garantem aos seres humanos uma vida ancestral positiva. As pessoas que não experimentam essa zona V serão ou foram ancestrais "adormecidos". Talvez, nesse ponto, o autor esteja se referindo à relação da memória com o pós--morte (FU-KIAU, 2001a).

Por fim vêm as últimas fases, *Luvemba* e *Musoni*. Na primeira, sua característica é a descida à *Mpemba*, o mundo dos mortos, ilustrado pela cor branca. *Luvemba* representa o limiar entre vida e morte. Trata-se de uma espécie de portal, barreira, que o morto percorre para chegar a *Musoni*, a última fase, simbolizada pela cor amarela. Nesse mundo, o morto pode renascer (FU-KIAU, 2001a).

Nos Terreiros, existe uma forte relação com o Kalunga e o movimento do Sol. O romper do Sol sobre o Kalunga é identificado com o canto do galo. Todo canto é reverenciado nos Terreiros como um evento localizado. Há um mito de origem banta que traz esses elementos para pensar algumas simbologias e significados. Esse mito foi coletado em Angola por Eduardo dos Santos e citado por Giroto (1999, p. 135-136).

O mito conta que, quando a criação do mundo terminou, o Sol foi cumprimentar Kalunga, que lhe deu um galo para o jantar e recomendou ao Sol que voltasse no dia seguinte. O Sol não comeu o galo, que cantou no outro dia bem cedo. O Sol voltou à presença de Kalunga, que falou: "Ouvi cantar o galo que lhe dei ontem. Pode ir, mas você vai voltar aqui todos os dias". E assim aconteceu: o Sol foi embora, mas todos os dias reaparece.

Na continuação do mito, a Lua também foi cumprimentar Kalunga e ganhou um galo, junto com a recomendação de voltar no dia seguinte. Ela também não matou o galo, que cantou de manhã bem cedo. A Lua foi ter com Kalunga, que falou: "Você ganhou um galo, mas não o comeu. Por isso, de hoje em diante, vai vir me ver todos os dias". E assim aconteceu com a Lua, do mesmo modo que com o Sol.

Depois, diz o mito que foi a vez de o homem cumprimentar Kalunga, que também lhe deu um galo, recomendando que voltasse no dia seguinte. Como chegou em casa cansado da viagem e com muita fome, o homem cozinhou o galo e o comeu. Na manhã seguinte, ele acordou tarde e foi ter com Kalunga, que perguntou pelo galo. O homem respondeu: "Eu o comi, pois estava com muita fome". Kalunga, então, falou: "Está certo: o galo era seu, e você podia fazer dele o que quisesse. Mas o Sol e a Lua também vieram me visitar, ganharam um galo cada um e não o mataram. Como você matou o seu, também vai morrer e, na hora da sua morte, virá se apresentar a mim".

Nesse mito, o galo intermediou a relação entre o Kalunga, o Sol e a Lua. O seu cantar parecia anunciar a vida ou um novo ciclo. Uma vez cessado o sinal do galo, anuncia-se o retorno do homem ao Kalunga, à morte. Sob outra perspectiva, o Sol e a Lua caracterizam o dia e a noite, e o galo, a sua transição. O Kalunga, dentro do pensamento banto, se afigura como o lugar dos mortos ou a linha que separa os mundos vivo e não vivo, como afirmou Fu-Kiau (2001a). O pôr do Sol seria a morte do homem, e o nascente, a sua ressurreição. Essa circularidade e movimento também podem ser atribuídos à Lua.

A figura do galo surge em duas passagens etnográficas de Edison Carneiro. Em uma, o galo foi observado dentro do "ritual bantu" denominado "salve o galo" e em suas palavras: "Sai esse animal à meia-noite ou de madrugada, solta o seu altivo cocorocó enquanto se realiza a festa fetichista, logo o pai de santo interrompe a música e o canto, ordenando: – Vamos salvar o galo!" (CARNEIRO, 1937, p. 118). Em outra passagem, esse rito é associado ao Candomblé de Caboclo (CARNEIRO, 2008, p. 96).

Em um rito observado para Katendê, Nkisi associado ao mundo vegetal, o galo passa de mão em mão dos membros do Terreiro que formam um círculo, parodiando a trajetória do Sol e da Lua. Nesse momento, a ave ora surge como o mensageiro dos homens, ora se torna o próprio ciclo da vida, da morte e do renascimento. As imagens da Figura 15 indicam a presença do galo no culto a Katendê.

Figura 15: Esquerda. Ilê N'Zambi, Caraguatatuba, 2013. Foto: Janaína de Figueiredo. Direita. Ilê N'Zambi, Caraguatatuba, 2016. Foto: Débora Lourenço Blanke.

A imagem à esquerda ilustra parte de um ritual privado e a da direita, uma festa pública com a saída do Nkisi. Na primeira, os filhos, filhas, pais e mães de santo estão dispostos em círculo no barracão. De acordo com a hierarquia, alguns ficam sentados em esteiras (as incisas) e outros, "os mais velhos no santo", nas cadeiras. Esse ritual contou com rezas, ritos ligados ao cachimbo – considerado parte simbólica do culto a Katendê –, as mensagens proferidas por cada participante no bico da ave e, por fim, o galo solto na mata com apenas uma pata.

Note-se que o uso do cachimbo parece se remeter ao universo afro-indígena, particularmente ao Catimbó. Nesse Terreiro, no culto a Katendê, todos, um a um, fumaram o cachimbo para se conectar ao mundo do encantado que se acredita ser regido por esse Nkisi. Destaca-se que a eficácia desse rito só pode ser assegurada com a emissão de grande fumaça (BASTIDE, 2001a).

Cabe destacar que a prática de "soltar o animal" (na rua ou na mata), de acordo com Figueiredo e Capponi (2022), é característica em muitas Nações de Candomblé. As autoras destacam que esse rito constitui um tipo de atividade sacrificial para as divindades, que não está acompanhado do sangue votivo. Assim, o rito indica que o galo não apenas levou mensagens do homem aos deuses, como afirma a unidade entre eles (FIGUEIREDO; CAPPONI, 2022).

Existem muitas práticas ainda pouco estudadas que nos transportam para uma dada concepção de tempo nos Terreiros de Angola. O ato da M'Pemba trata-se de outro momento em contato com esse tempo-espaço, como analisou Kagame (1975). O ritual de soprar o pó branco, chamado M'Pemba, visto na Figura 16, é muito sagrado nos Terreiros de Angola. E é uma prática verificável apenas na Nação Angola. Canta-se uma cantiga durante a festa pública e as Makotas (mães de santo) iniciam o sopro do pó sagrado nos quatro cantos do barracão e nas portas ou portões. O sacerdote explicou que a M'Pemba está ligada ao Nkisi da atmosfera, Zâmbi, e sua função é a limpeza e a sacralização do ambiente (Tata Kajalacy, entrevistado em 2014).

Costa (1987) encontrou esse rito na Cabula em que a *emba*, pó sagrado feito de tabatinga (um tipo de argila cujo nome se tornou "pemba"), era utilizada para fazer marcas no corpo do neófito e também para criar os pontos riscados. O gesto de atirar pemba ao ar só foi encontrado, na visão do autor, na Cabula (e não mais na Macumba nem na Umbanda) e significava: "Cegar os profanos para que não vissem ou devassassem os sagrados mistérios. As partículas da emba no ar atingiriam os olhos dos profanos" (COSTA, 1987, p. 80). A outra função apontada por esse autor é a limpeza da atmosfera para livrar dos "maus espíritos" incompatíveis com a natureza sagrada. Visão que se aproxima dos relatos colhidos nesta pesquisa, porém sem a ideia de "maus espíritos".

Figura 16: Ritual de jogar M'Pemba, Ilê N'Zambi, Caraguatatuba, 2013.
Fotos: Débora Lourenço Blanke.

Nos Terreiros visitados, observou-se que existe uma espécie de crença em dois mundos: um visível e outro invisível. O mundo visível é constituído por tudo o que tem vida e se movimenta na Terra: seres vivos, incluindo os seres humanos; já o mundo invisível é formado por seres vivos e não vivos, como os Nkisis e não vivos, como ancestrais. O primeiro é caracterizado por tudo o que tem vida e, o segundo, constituído por tudo que tem vida e morte.

Entre esses mundos, nas fronteiras, os Nkisis Matamba e Kitembo os percorrem. Matamba representaria a direção para o Vumbe e Kitembo simbolizaria a porta que se abre para esses mundos.

O Nkisi Kitembo é assentado na parte externa do Terreiro. Como já mencionado, a sua representação consiste no mastro com a bandeira branca e a cabaça pendurada, bem como a pequena escada de metal presa à terra e/ou ao assentamento. A escada de Kitembo simboliza, para alguns interlocutores, a subida (ou descida) dos Vumbes do/ao mundo invisível. Pode-se arriscar uma interpretação de que o mastro significa as pontas que ligam a terra à atmosfera. Terra, símbolo dos vivos (no mundo visível) e também dos ancestrais (no mundo invisível). Atmosfera, lugar dos mortos (no mundo invisível) e igualmente de Zâmbi, da vida (no mundo visível). Nessas dualidades, a escada representaria o contato entre esses mundos contínuos.

Em algumas narrativas míticas, consta que a bandeira branca evoca a ideia de direção aos caçadores perdidos na floresta. Em outras, o conteúdo permanece, porém indicaria o (re)direcionamento do morto (o Vumbe). Acredita-se que o vento traz e afasta o morto. Dessa forma, os ritos para ancestrais obedecem à direção da bandeira, isto é, à do vento.

Ainda em outra versão, Kitembo estaria associado ao sopro da vida, ao movimento, ao vento e aos astros. Nas palavras do sacerdote, esse Nkisi seria "a saudade daquilo que não volta mais" (Tata Euandilu, entrevistado em 2016).

Cabe ressaltar que a árvore símbolo desse Nkisi é a gameleira-branca. Em alguns Terreiros, encontra-se apenas o mastro de bambu, e a justificativa consiste na dificuldade em plantar a árvore. Alguns interlocutores afirmaram que, em certas Casas, há o mastro da bandeira e a árvore onde se depositam as oferendas a Kitembo. Contudo, não foram encontrados em pesquisa de campo os dois símbolos, somente o mastro, e, em alguns casos, apenas o assentamento em ferro. Nesse contexto, a explicação está relacionada à intensa urbanização e às perseguições de outros setores religiosos. A bandeira indicaria um símbolo religioso e poderia, segundo o relato, trazer problemas para o Terreiro. A Figura 17 mostra imagens de representações e assentamentos de Kitembo.

Figura 17: Mastro de Kitembo (Kitempo), Ilê N'Zambi, 2013. Foto: Débora Lourenço Blanke.

Nas festas, esse Nkisi muitas vezes está associado à ilusão, como já discutido, daí o termo *macuradilê*. Na cantiga: "Kitembo macuradilê é amuraxó, Kitembo macuradilê é amuraxó. Aiaiaia é amuraxó ó ô ô". Traduzido pelos sujeitos deste estudo: "Kitembo está tropeçando". As danças de

Kitembo *performatizam* essa imagem cambaleante, de um ser que vive em dois mundos, na fronteira.

Na esfera da morte, não são todos os Nkisis que podem transpor os limites, apenas alguns têm esse poder. É importante frisar que esses mundos – dos vivos e mortos, visível e não visível – não estão separados definitivamente: ao contrário, são contíguos, se encontram e interagem por diferentes caminhos. Segundo um dos entrevistados: "O universo está em constante interação, tudo é uma extensão de algo ou de muitas coisas" (Tata Danda Kessi, entrevistado em 2014).

Nesse cenário, se Kitembo guarda o limiar da vida e da morte, o Caboclo une esses dois universos. Observa-se que ele deflagra esses limites e instaura a relação entre a vida e a morte. Com o Caboclo, parece que a vida ancestral é revivida em determinados momentos rituais. A figura do Caboclo dilui o espaço e o tempo; assim, presente e passado se sobrepõem. É a vez de um não tempo e da morte encenada. O Caboclo dinamiza a estrutura, torna-se o agente que propicia a unidade e o prolongamento das duas esferas. Com essa entidade, a vida e a morte parecem um mesmo fenômeno.

Assim, Kitembo é o guardião da memória e o Caboclo, sua voz. É interessante notar que o Caboclo faz uma aliança com Kitembo, traduzindo uma nova mediação e arranjos no sistema. Mas, apesar de o Caboclo ser incorporado e reafricanizado nessa combinação com Kitembo, há fissuras. Ele subverte a ordem, mostrando a fragilidade das fronteiras.

CAPÍTULO 3
CABOCLO E ANCESTRALIDADE

3.1 Ancestralidade banta

Em África, os mortos nunca morrem.
Vivem de outra maneira (COUTO, 2012)

Altuna (1985), ao analisar os povos bantos, constatou que o culto à morte só existe em virtude do culto à vida. Isso porque nessa sociedade, segundo o autor, a crença no poder da vida – o vitalismo banto – nortearia a ação e a participação coletiva. Desse modo, a "união vital" trata-se de um conceito criado por esse autor para tentar explicar uma dada visão que orienta e estrutura a relação entre os indivíduos dessa sociedade.

Tal visão, segundo Altuna (1985), está vinculada ao conceito de interação, ou seja, a pessoa não existe separadamente do universo ou da comunidade. Ao contrário, interage e participa com os outros seres: vivos e não vivos. Daí a ambiguidade traduzida como dilema para os bantos, pois a participação – requerida e reverenciada – carrega benefícios e malefícios. Isso porque supõe-se que a abertura ao outro (ou aos outros) leva e traz "paz-harmonia", mas também "pertubação-desagregação". A esse respeito, o autor explica:

> Entre todos os membros destas comunidades há uma íntima relação ôntica a partir da identidade de vida que circula e enche o mundo invisível e o visível. Como estão relacionados no constitutivo, podem influir uns nos outros para aumentar a vida ou para debilitá-la e até aniquilá-la. (ALTUNA, 1985, p. 54).

Assim, nessa sociedade, o homem e a mulher estão imersos em uma rede viva, relacionando-se com a natureza, Deus, antepassados, comunidade e consigo mesmos. Nesse âmbito, o autor destaca que, para os bantos, o mundo se divide em:

[...] existente imóvel (mineral), existente assimilativo (vegetais), existente sensitivo (animais), existente inteligente (a pessoa humana), existente com inteligência desencarnada (antepassado) e por fim Pré-existente (Deus). (ALTUNA, 1985, p. 55).

Essa estrutura parte da crença em um mundo dividido em duas esferas, a invisível e a visível, posicionadas em uma ordem hierárquica de importância. Na primeira acham-se o Ser Supremo, os arquipatriarcas, os espíritos da natureza, os ancestrais e os antepassados. Na segunda encontram-se os reis, chefes de reino, tribo, clã ou família, os especialistas da magia, anciãos, comunidade, ser humano, animais, vegetais, minerais, fenômenos naturais e astros (ALTUNA, 1985).

Dentro desse quadro, alguns autores (MUNANGA, 1996; THORNTON, 2008; MALANDRINO, 2010) defendem que as sociedades centro-africanas reverenciam um Ser Supremo ou um Deus único que assume diferentes denominações, conforme o grupo étnico, como: Kalunga, Zâmbi, Zâmbi un Pungo, Lessa ou Mvidie.

Nessa abordagem, haveria um Ser Supremo que se distanciou do mundo após criá-lo, deixando-o sob os cuidados dos ancestrais fundadores das primeiras linhagens. Estes seriam filhos divinizados, ou ainda intermediários entre Deus e os homens. O Ser Supremo, de acordo com a visão compartilhada entre os bantos, não recebeu culto direto nem imagens criadas para representá-Lo. Contudo, os bantos conferiam a essa entidade divina o poder de conservar o dinamismo, a unidade e a ordem do cosmos (MUNANGA, 1996; MALANDRINO, 2010).

Assim, abaixo de Deus estariam os ancestrais divinizados e depois os espíritos ou gênios da natureza que habitam os rios, pedras, ventos, florestas, lagos, objetos materiais. Essas forças exerciam influência sobre os homens e algumas de suas atividades, como caça, pesca e agricultura.

Segundo Giroto (1999), há diferentes visões, entre os povos bantos, a respeito desses espíritos da natureza. Ora eram concebidos como intermediários entre o homem e a divindade suprema, ora como força reflexa de Deus; ou, ainda, poderiam ser seres que se confundiam com os próprios ancestrais.

Localizados no mundo invisível, abaixo ou ao lado dos gênios da natureza, os ancestrais são muito venerados entre os bantos, como notou Lopes (2008). Esse autor afirma serem importantes na formação de coesão e solidariedade do grupo.

Seguindo essa perspectiva, Malandrino (2010), ao considerar o papel dos primeiros ancestrais, afirma que esses "grandes mortos" receberam do Deus criador a energia vital, e com ela se solidariza com os homens [e mulheres]. Ademais, pouco se conhece da história e de narrativas sobre essas figuras míticas. Possivelmente, seriam os fundadores das comunidades e os primeiros a estabelecerem alianças com os espíritos da natureza.

Os antepassados, por outro lado, encontram-se abaixo dos ancestrais e mais próximos dos seres humanos. Seriam, segundo Malandrino (2010), parentes próximos e, como defuntos mais recentes, personalizados. Esses poderiam, por meio de possessão, se comunicar com os vivos, mantendo relação de proximidade. Contudo, esse vínculo era determinado pelo tipo de morte e vida. Para considerar uma "Boa Morte", o indivíduo deveria morrer de velhice e deixar descendentes. Desse modo, a boa morte o colocava como membro do grupo e da família a que pertenceu em vida. Tornava-se protetor dos vivos, assim como passava a ser cultuado por esses. Essa relação, de acordo com a autora, era medida pela importância dada à memória. O esquecimento trata-se da morte de fato, ou melhor, resultado da interrupção do culto às lembranças dos mortos.

Ademais, cabe destacar que os antepassados podem tornar-se ancestrais. Alcântara (2008) afirma que, caso isso não fosse possível, permaneceriam próximos dos seres humanos, com a incumbência de aumentar a força vital de suas famílias e comunidades.

Desse modo, é plausível dizer que o universo da ancestralidade é tão importante entre os bantos, que Lopes (2008) chegou a afirmar que o grau de sua divinização poderia elegê-los como divindades secundárias, ou mesmo, em alguns casos, de primeira ordem.

Isso, possivelmente, decorre da relação contínua entre vida e morte. Duas esferas ligadas pelo princípio da força vital que pode diluir as fronteiras entre os mundos de vivos e não vivos. Igualmente, revela a ideia de interações e continuidades.

Essa assertiva traz a base na qual as práticas religiosas bantas estão fundadas, ou seja, o complexo cultural da *ventura* e da *desventura*. A partir daí, o mundo é concebido dentro de uma sequência polarizada, isto é, de um lado, harmonia, saúde, bem-estar, segurança, poder, riqueza e fecundidade – ventura. De outro, doença, morte, empobrecimento, esterilidade, desavenças e escravidão, entre outras – desventura (CRAEMER; VANSINA; FOX, 1976).

A força vital, seu aumento ou sua diminuição, estaria associada à lógica da ventura e desventura. Segundo Malandrino (2010), esse princípio seria a chave para compreender as dinâmicas culturais caraterísticas dos povos bantos. Nesse universo simbólico, o mundo e os homens seriam movidos pela força vital e dentro do jogo de ventura e desventura.

A participação do ser com essa força se converte na convivência com os vivos e com os antepassados. No primeiro caso, na linha argumentativa de Altuna (1985), a "união vital" entre os membros da comunidade pode se dar por meio da transmissão do sangue, o "pacto de sangue", formado por alianças matrimoniais ou criado pelos vínculos com o território. Já com os antepassados, a relação se dá pelas seguintes noções: continuidade e solidariedade. Ambas presentes no culto à lembrança do morto e com o objetivo pontual de mantê-lo vivo na linhagem.

Há uma relação vertical e horizontal que liga os grupos de parentescos aos antepassados. A esse respeito Malandrino (2010) disserta:

> Cada grupo de parentesco é uma unidade de comunhão, uma comunidade solidária, socialmente eficaz, indestrutível e amparadora. Os vivos e os mortos e os vivos entre si são unidos verticalmente e horizontalmente pela vida. Com os antepassados, o ser humano está ligado vitalmente através da solidariedade vertical, originária, sagrada e constante; com os membros vivos do grupo, ele está ligado pelo mesmo sangue, sendo essa ligação chamada de solidariedade horizontal. A solidariedade vertical é a relação com os antepassados e seus descendentes. O laço de união vital não se rompe com a morte, permanecendo indissolúvel. (MALANDRINO, 2010, p. 64).

Partindo dessa consideração, uma das formas de vivificar os antepassados está na própria vida do seu descendente. Para tanto, torna-se fundamental protegê-la dos males, como a doença e a tristeza. Com isso, a saúde se torna o bem maior, assim como a alegria. Altuna (1985) reforça ser essa uma "metafísica da alegria", já que, nesse universo, "a vida é essencialmente alegria". Nessa teia, otimismo e dinamismo estão ligados ao culto à vida, reforçando sua primazia diante da morte.

Outra forma de preservar a vida e sua continuidade após a morte, como apontado, está na descendência. Daí a presença de um conjunto de cultos à fecundidade e à sexualidade. Entre esses povos, o autor constatou a crença no poder atribuído aos órgãos genitais, considerados portadores de vida. A sexualidade ganha grande importância na manutenção do vitalismo do ser humano, bem como na edificação e no fortalecimento dos elos com os ancestrais.

Nesse quadro, a imagem da mulher está em uma posição central, pois apresenta profunda ligação com os antepassados. Contudo, segundo verificou Altuna (1985), ela aparece reificada em duas representações: a mulher e a esposa. Ambas são concebidas de maneiras diferenciadas, mas não dissociadas. A primeira (a mulher-mãe) é ligada à ancestralidade, à fecundidade e à vida. Já a segunda (mulher-esposa), ao erótico e ao sexual. O significado atribuído à mulher-mãe (não à esposa) se vincula ao sagrado e à veneração da ancestralidade. A figura dessa mulher se expressa nas seguintes alegorias: continuidade, origem; passado e futuro; e raiz e guardiã da história.

Entretretanto, essa aura sagrada que paira sobre essa mulher-mãe se desfaz nos seus ciclos menstruais tornando-a "impura e profanadora". É interessante notar que o sangue menstrual sinaliza que não há gestação, revelando a mulher-esposa.

Não obstante os diferentes contextos simbólicos, por hipótese, é possível relacionar essa imagem com a Bombogira do Angola, em que a cor vermelha – um de seus símbolos – revela um universo feminino marcado por desejo, fecundidade e sexualidade. Trata-se da mulher-esposa, distanciando-se, assim, da representação maternal. Gera a vida, mas não se torna mãe.

3.2 Aruanda: terra dos ancestrais

O termo *Aruanda* foi encontrado em alguns Terreiros de Angola ao se referirem a um lugar a que os mortos se dirigem ou a uma morada dos antepassados. Rosângela Oliveira (2011), ao analisar as representações e rituais mortuários entre as comunidades mineiras de congado, localizou essa palavra. Nesse contexto, Aruanda trata-se de uma "terra distante em que todos se reencontrarão após a morte" (OLIVEIRA, R. P., 2011, p. 14). Também no jongo, a palavra é frequentemente utilizada nas cantigas (nos pontos) para se referir não apenas aos antepassados, mas a certo sentimento de nostalgia. Tanto em um contexto como no outro, Aruanda está ligada à representação da morte e da ancestralidade.

No campo dos estudos afro-brasileiros, esses temas têm sido analisados, *grosso modo*, dentro dos cultos de Babá Egum e da Irmandade da Boa Morte. O culto aos antepassados ganhou pouco espaço nas primeiras análises etnográficas.

Bastide (2001b) aponta essa lacuna, chamando a atenção para a importância desse culto em diversas práticas do Candomblé, em sua matriz Jeje-Nagô. Nessa linha, o autor diferencia as cerimônias funerárias (axexê) dos ritos dedicados especificamente aos mortos (Eguns). Se as primeiras teriam como função espantar os espíritos, os segundos os evocariam. Além dessas modalidades, o sociólogo ressalta, ainda, que a reverência aos antepassados encontra-se diluída e associada a diferentes ações rituais no Candomblé, bem como transpõe o campo religioso, abarcando, por exemplo, diversas manifestações populares.

Assim, por um lado, há registros etnográficos dispersos sobre o tema, como salientaram Bastide (2001b) e Juana Elbein dos Santos e Deoscóredes M. dos Santos (1981), especialmente até a década de 1960; por outro, verifica-se que, a partir de fins da década de 1970, as pesquisas sobre a temática passaram a se volumar, ocupando um espaço maior nos estudos afro-brasileiros.

Entre as pesquisas características do fim da década de 1970 e da de 1980, podemos citar as de Jean Ziegler (1977) e Juana Elbein dos Santos individualmente (1977) e as com Deoscóredes M. dos Santos (1981), Júlio Braga (1984) e Fábio Leite (1984). Além disso, Braga (1995) mapeou registros anteriores a esse período, encontrando referências ao tema. Contudo alguns não abordavam de maneira central a ancestralidade ou, quando abordavam, tratavam-na como folclore. Desse grupo podemos citar Nina Rodrigues (2010, com primeira edição em 1932), Renê Ribeiro (1952), José Lima (1952), Pierre Verger (1957) e Deoscóredes M. dos Santos (1962, 1976).

Braga (1995) torna-se uma referência, entre outras, nesse contexto de produção a respeito da ancestralidade. Contudo, nota-se certa politização do termo e sua inserção no conjunto de elementos identificatórios. Ao analisar esse fenômeno nos cultos de Babá Egum, o autor defende a existência de uma "consciência ancestral afro-brasileira" gestada no processo de oposição e resistência à escravidão. A ancestralidade não apenas guardaria, em sua acepção, os significados das culturas africanas, mas também revela as diferentes formas de inserção do negro na sociedade brasileira.

Braga (1995) destaca, ainda, que essa "consciência" – na qual as relações de parentesco constituem um dos seus núcleos formadores – se faz presente em duas esferas: objetiva, nas heranças culturais recriadas e encontradas, sobretudo, nas religiões afro-brasileiras; e subjetiva, enquanto elemento político articulador da identidade negra. Esta última modalidade, apesar de se distanciar da noção de parentesco – seja formal, religioso ou consanguíneo –, não a exclui. Isso porque a ideia de um "parentesco fictício, de natureza difusa, sem contextualização", mobiliza, na perspectiva do autor, ações e discursos políticos direcionados à construção de identidades. De modo que a ancestralidade se torna extremamente elástica, recriando a própria ideia de um ancestral formal.

De todo modo, os estudos sobre a ancestralidade no Candomblé Angola ainda apresentam grandes lacunas analíticas. No entanto, o tema está presente nas análises sobre certas manifestações culturais (jongo, capoeira, congado). Essa perspectiva traz importantes pistas para compreender a relação com os ancestrais, não apenas na esfera religiosa, mas no universo das culturas afro-brasileiras. Trata-se de uma linha que costura esse patrimônio cultural.

Não é a toa que Eduardo Oliveira (2009) elege a ancestralidade como uma categoria analítica que permite apreender o conjunto de significados culturais que envolvem o Candomblé. Desse modo, nas suas palavras:

> A ancestralidade [...] é o princípio que organiza o candomblé e arregimenta todos os princípios e valores caros ao povo de santo na dinâmica civilizatória africana. Ela não é [...] uma relação de parentesco consanguíneo, mas o principal elemento da cosmovisão africana no Brasil. Ela já não se refere às linhagens de africanos e seus descendentes; [...] é um princípio regulador das práticas e representações do povo de santo. Devido a isso afirmo que a ancestralidade tornou-se o principal fundamento do candomblé. (OLIVEIRA, E., 2009, p. 3).

Essa passagem nos leva a duas considerações: a primeira alinha-se ao argumento do autor no que tange à centralidade atribuída ao culto ancestral no Candomblé. Além disso, durante a pesquisa de campo, observou-se que a reverência à ancestralidade também constitui um ponto de correspondência entre sistemas religiosos. Nesse sentido, por hipótese, a devoção aos mortos, na linha do "cultos às almas", muitas vezes aproximava a Nação Angola da Umbanda e/ou do catolicismo popular (FIGUEIREDO, 2017).

Já a segunda considera que, ao contrário da afirmativa de Eduardo Oliveira (2009), o culto ancestral busca ressignificar a ideia de linhagem e parentesco, como abordaremos adiante. A esse respeito concordamos com Braga (1995) ao pontuar que o Candomblé assumiu importante papel na revitalização do sentimento de uma origem africana perdida durante o tráfico, bem como recriou a trama de parentesco, fictício ou religioso. Segundo esse autor, as relações de parentesco revividas no Candomblé atuam sobre a formação (reinvenção) da memória coletiva dos africanos e seus descendentes no Brasil. Nas suas considerações:

> [...] a noção de parentesco fictício se estabelece e desempenha papel relevante na idealização de um passado dignificado e até glorioso, a que se recorre com frequência, toda vez que está em jogo a necessidade de um referencial étnico de origem. (BRAGA, 1995, p. 118).

Assim, pode-se asseverar com isso que a ancestralidade no Candomblé trata-se, entre outros fatores, de um culto à memória. Entretanto, o culto ao antepassado não se limita somente à reverência aos mortos (Vumbes) ou às linhagens familiares, mas abrange diversas esferas, deslocando-se e movimentando toda a estrutura. Daí pensar esse culto em seus desdobramentos simbólicos e nas suas multirrelações.

Dessa maneira, tendo em vista essa premissa, verificou-se que a ancestralidade se exprime, muitas vezes, por meio de sutilezas simbólicas que se interligam, formando um todo coerente e dinâmico. Isso nos leva às imagens que, para os interlocutores deste livro, se remetem ao culto ancestral, como: a cabaça, a terra, o fogo, a árvore, as folhas, a água, o vento, a lama, o firmamento. Ou, então, os búzios, o cachimbo e a palha, entre outros. Essas simbologias ganham diferentes significados a depender do contexto ritualístico e mítico. Ademais, os Nkisis mantêm uma relação específica com cada imagem e, portanto, com a ancestralidade.

Outro aspecto são as oferendas, que cumprem papel importante na reverência aos mortos, uma vez que ativam o contato entre os mundos visível e invisível, ora diluindo as fronteiras entre vida e morte, ora reestabelecendo-as. Essas oferendas estão relacionadas às simbologias citadas e associadas a certos preparos como: pão amanhecido, angu de farinha de mandioca, cana-de-açúcar, ovos crus, café, raízes (amendoim, abóbora-vermelha, mandioca, batata-doce e inhame, entre outras) etc. Oferendas que parecem remeter-se a um passado rural e talvez à cultura alimentar do período escravista. Muitos interlocutores afirmaram que tais preparações contam sobre a história dos antepassados escravizados. De modo que o alimento seria aí importante elo para a ressignificação dos laços de parentesco, preservando a sua memória.

Essa lógica de ofertar algo aos ancestrais está presente entre os bantos, como argumentou Altuna (1985, p. 477):

> Os povos bantos, ao oferecerem cerveja e alimento aos mortos, sabem muito bem que não estão tributando um culto aos defuntos, mas sim revivendo com eles uma relação de parentesco, atualizando uma situação existencial. [...] esse ato não é religioso, constitui sim um modo de experiência simbólica.

Sob outra perspectiva, Malandrino (2010) destaca que as oferendas dedicadas aos antepassados, entre os bantos, tinham por função a resolução de problemas dos vivos ou a obtenção de favores dos mortos. Por essa razão ofereciam--lhes vegetais, fumo e bebida alcoólica, entre outras coisas. Em certos casos, faziam sacrifícios de animais para restituir e aumentar a conexão entre os dois mundos. As oferendas aos antepassados, assim, objetivavam, em geral, aumentar a força vital e, ao mesmo tempo, alcançar a harmonia e o equilíbrio desejados.

Malandrino (2010) coletou dados cerimoniais e cultos mortuários em Maputo, capital de Moçambique, no ano de 2009. Nessa pesquisa de campo, afirmou que a cerimônia aos mortos, chamada de *mhamba*, se divide em duas linhas: aquela dedicada à lembrança do defunto e outra marcada por realização de sacrifícios. No primeiro caso, a cerimônia está associada ao culto à memória do morto: "A cerimônia de recordação dos defuntos tem como objetivo lembrar as pessoas da família que já morreram" (MALANDRINO, 2010, p. 267).

Nesse ritual, há uma fase de tristeza e outra de alegria, com a limpeza da campa e o oferecimento de comidas e bebidas para os participantes. A cerimônia dura em média, segundo a autora, três dias, e tudo exige tranquilidade para preservar o nome do defunto que cada indivíduo carrega. Já com relação aos sacrifícios ofertados aos antepassados, ele ocorre quando há desequilíbrio na família do morto: infertilidade, desavenças, doença, má colheita etc. O sacrifício de um animal é realizado da forma exigida pelo antepassado. Às vezes há a necessidade de sacrifício e criação de um altar para o antepassado.

Assim, ao analisar o dia a dia de um Terreiro de Angola, verifica-se como essa experiência simbólica ancestral se manifesta em vários momentos: 1 – o deitar-se com o umbigo no chão, como ato de religação com os antepassados; 2 – colocar o dedo sobre o chão e depois levar à cabeça, ação que não apenas cultua o mundo dos ancestrais, mas o liga com os Nkisis; 3 – o cantar do galo; 4 – os pés descalços como condição necessária para se ligar à ancestralidade; 5 – as danças da muzenza, direcionadas à terra; 6 – a interdição às muzenzas em se banhar nos mares durante um ano, pois acredita-se que suas águas (o kalunga) representam o lugar dos mortos, o cemitério.

Dentro dessa paisagem, o Caboclo se tornou para o Candomblé Angola uma importante forma, não única, de culto à ancestralidade. Ao se situar na esfera da morte, reinstaura a da vida. No Angola, a entidade está associada a um conjunto de sentidos. De acordo com o sacerdote:

> Passam-se gerações e aí alguém nasce com as características de um tataravô. O que é isso? Ancestralidade. Estamos ligados como uma árvore à sua raiz. Muitos encontros e nasce uma pessoa que renova, dá vida àquele que se foi. (Tata Kajalacy, entrevistado em 2014).

Nesse relato, a árvore surge como uma representação da família, da origem, da descendência, da ascendência. Ela é circularidade, vida, renovação. De modo que, se, por um lado, a água (o kalunga) simboliza o retorno, a viagem à terra ancestral (a Aruanda), por outro, a árvore representa a sua morada.

A presença da árvore no imaginário ligado à ancestralidade e, por conseguinte, ao Caboclo ficou clara na entrevista ao programa *Falando do Axé* (MAM'ETU, 2015), em que a Mameto Seci Caxi, filha de Joãozinho da Gomeia, relatou iniciativas de arqueólogos e historiadores de criar um museu e/ou centro cultural no antigo Terreiro da Gomeia, no Rio de Janeiro. Nesse descrição, a sacerdotisa afirma ter ficado impactada com a presença do tronco da árvore do antigo Terreiro, pois era o local de culto ao Caboclo Pedra Preta. Nas palavras da Mameto Seci Caxi: "Quando eu cheguei lá [no Terreiro da Gomeia] eu me deparei com o cercado do Seu Pedra Preta e o tronco da juremeira. E eu fiquei impressionada com aquilo".

3.3 O Caboclo: lugares fronteiriços

Sindorerê aê Kauisa, Sindorerê,
Sangue real, ele é filho,
ele é neto da Jurema.
Sindorere aê Kauisa.

A palavra "caboclo", segundo Jocélio dos Santos (1995), assumiu diferentes significados ao longo da história colonial brasileira. Nos séculos XVII e XVIII, o termo "caboclo", de modo geral, era atribuído a todos os índios que mantinham um convívio maior com os brancos. Em alguns momentos, a palavra chegou a assumir uma conotação negativa, sendo proibido o seu uso. No século XIX, no entanto, caboclo passou a simbolizar o "homem do sertão, o caipira, o roceiro", como permanece hoje no imaginário popular brasileiro.

O termo estava também associado à classificação racial da população brasileira, sendo introduzido no censo de 1872. O caboclo, nessa perspectiva, indicava as populações indígenas ou miscigenadas com o branco.

É possível dizer que a inserção do termo "caboclo" nesse censo demonstrava já uma preocupação política com a pluralidade racial da população brasileira. Em fins do século XIX e meados do XX, a elite brasileira buscou não apenas compreender a situação racial do país, mas também indicar meios para a construção de sua nacionalidade. Esse esforço teórico e, sobretudo, ideológico, trouxe o tema da mestiçagem para o debate nacional (MUNANGA, 2008).

Não é por acaso que a geração de intelectuais da década de 1870 foi tão seduzida por temas como: raça, povo e nação. Temas amplamente discutidos e que, alimentados pelas teorias racialistas europeias, colocavam em xeque a miscigenação brasileira.

Esse fato estava articulado com o impacto causado pelas teorias pseudocientíficas em voga na Europa. Elas afirmavam, por um lado, a superioridade da raça branca e, por outro, a característica degenerativa da miscigenação entre as raças.

De acordo com Munanga (2008), a raça, em sintonia com essas teorias, se tornou um elemento que estruturou o pensamento social brasileiro – daí a mestiçagem constituir-se em seu eixo articulador. Na tríade da mestiçagem, o branco representava a superioridade, o negro a inferioridade, e o mestiço tendia a desaparecer, levando à diluição da população negra no Brasil.

Cabe destacar que essa preocupação, por parte da elite brasileira, com a diversidade racial e, em especial, a mestiçagem, deve-se às próprias circunstâncias históricas impostas no início do século XX. O fim do sistema escravocrata, em 1888, bem como o advento da República, no ano de 1889, colocavam a necessidade de se pensar uma identidade nacional. Mas o paradoxo se impunha a essa elite, pois como incorporar as populações negra, indígena e mestiça num país que se pretendia branco? De acordo com Munanga (2008), Sílvio Romero, assim como outros intelectuais da Primeira República, formulou alguns caminhos teóricos para pensar a nação brasileira. Aliado às teses racialistas, Romero atribuiu um estatuto diferenciado à mestiçagem, na medida em que a entendia como uma fase intermediária para o processo de embranquecimento da população brasileira. Acreditava-se que a imigração europeia, incentivada pelo governo brasileiro, eliminaria, após várias gerações, os agentes não brancos do Brasil.

Assim, o Brasil mestiço requerido por Romero daria lugar, com o tempo, ao Brasil branco e civilizado. Nesse aspecto, a seguinte passagem é elucidativa: "O desaparecimento total do índio, do negro e do mestiço poderia ocorrer, apenas, se toda a miscigenação futura incluir um parceiro claro (senão branco)" (ROMERO, citado por MUNANGA, 2008, p. 50).

Após os anos 1930, no entanto, as forças políticas desenharam outro cenário e os projetos de embranquecimento da população e diluição da mestiçagem tornam-se inoperantes nesse novo contexto. Gilberto Freyre traz um olhar diferente para o debate sobre a mestiçagem.

Nas palavras de Munanga (2008, p. 88), "a grande contribuição de Freyre é ter mostrado que negros, índios e brancos tiveram contribuições positivas na cultura brasileira [...]". A mestiçagem ganha outros contornos ideológicos ao ser positivada por Freyre. Contudo, o mestiço torna-se, como destaca o antropólogo, elemento de manobra política. Essa manobra dificultou o processo de construção da identidade negra no Brasil.

A política de embranquecimento, arraigada no imaginário social e somada à propaganda da imagem de um país isento de conflitos raciais, forjou uma identidade nacional que se pretendia homogeneizadora das diferenças. As tensões raciais e a pluralidade cultural foram fustigadas pela ideologia da mestiçagem, cuja paternidade costuma-se atribuir a Freyre.

Nessa linha, pode-se dizer que a inserção do Caboclo no Candomblé pelo povo de santo teve como referência essas paisagens políticas e intelectuais, movendo-se e remodelando-se ao sabor das representações produzidas e difundidas sobre o negro no Brasil.

Jocélio dos Santos (1995) chama a atenção, todavia, para a armadilha teórica e metodológica presente em considerar tais referências como determinantes na inserção do Caboclo no Candomblé. Isso porque as dinâmicas culturais lhe imprimiram diferentes formatos e significados, ora estabelecendo um vínculo maior com os discursos políticos, ora se desconectando e assumindo uma lógica própria.

Assim, evidenciar os vínculos entre as representações simbólicas do Caboclo e as conjunturas políticas e intelectuais não significa aqui reduzi-las a simples resultados ideológicos, mas, sim, compreender o cenário no qual a figura emergiu e dialogou com as tendências políticas de seu tempo, recriando-a no interior do sistema simbólico do Candomblé.

Alguns estudos (ORTIZ, 1978; CARNEIRO, 1964) tentaram compreender a função do Caboclo no sistema religioso afro-brasileiro a partir de elementos extrínsecos ao próprio sistema. Outras análises (TIPHAGNE, 2012; SERRA, 2012) têm se dedicado a abordar o Romantismo e o movimento de Independência da Bahia, datados no século XIX, como fatores estruturantes na construção dos emblemas que envolvem a figura do Caboclo no Candomblé e na Umbanda.

Entre os episódios históricos e míticos incluídos nos relatos do processo da independência baiana, o que mais marcou a memória foi a entrada do Exército Libertador em Salvador no dia 2 de julho de 1823, vindo do Recôncavo Baiano. O dia 2 de julho se tornou, em 1824, o dia oficial das comemorações da Independência da Bahia e feriado em Salvador, e, a partir de 1826, foi inserido nas comemorações o desfile do Caboclo pelas ruas da cidade. Na descrição de Jocélio dos Santos (1995, p. 31-32):

> Lançaram mão de uma carreta [...] enfeitaram-na de ramos de café, fumo, [palmas e] "folha brasileira" (cróton) [...] mandaram esculpir a imagem do Caboclo, colocando-a sobre a mesma carreta [...] A imagem é em tamanho natural, de cor marrom viva, com traços físicos característicos do ameríndio. [...] segura

uma lança de madeira, com a qual ataca um dragão, símbolo da opressão colonial, que está sob seus pés [...].

A partir de 1846, segundo o mesmo autor, inseriu-se nos desfiles:

> [...] a cabocla Catarina Álvares Paraguassu, esposa do lendário Caramuru e mãe mítica da Bahia, vestida como índia, brandindo a bandeira nacional com a mão esquerda e mostrando ao povo com a mão direita as palavras do primeiro imperador, "Independência ou Morte". (SANTOS, J. T., 1995, p. 33).

Nessa perspectiva, a imagem mitificada e idealizada do índio, produzida no Romantismo e reforçada na independência baiana, ganharia o estatuto de símbolo nacional e seria traduzido no Candomblé pelo Caboclo. Assim, a representação simbólica construída em torno de ideais nacionais parece ter criado um personagem ideológico dotado de demandas políticas.

Esse foco traz algumas ambiguidades e indagações, na medida em que se verifica um duplo movimento: de um lado, desde fins do século XIX até a década de 1930, a figura do Caboclo estaria atrelada à ideia de miscigenação como algo pejorativo, seguindo o discurso eugenista do período; e, ao mesmo tempo, também se ligaria aos emblemas nacionais propugnados, sobretudo, pelo Romantismo.

Desse modo, esse quadro sugere as seguintes questões: seria o Caboclo no Candomblé uma via adotada pela Nação Angola para se firmar como "brasileira" dentro das linhas do Romantismo? Esse Caboclo, de fins do século XIX a 1930, representaria o índio, o "dono da terra"? É possível afirmar que o Caboclo simbolizou, em certos momentos, o índio e, em outro, o mestiço? E, por fim, pode-se dizer que houve uma tendência em tornar-se "brasileiro" e depois "mestiço", como os contextos discursivos e políticos propunham?

Tiphagne (2012) argumenta que o Romantismo literário criou a figura fictícia do "índio genérico e nacional" – a "raça nativa" – que foi apropriada pela elite brasileira com a finalidade de forjar, politicamente, uma unidade cultural e/ou nacional. O autor chama a atenção, no entanto, para as reinvenções produzidas pelo Candomblé e a Umbanda para esse índio imaginário.

Talvez a ideia de origens que permeou a construção romântica do "índio nacional" possa estar entrelaçada ao culto à ancestralidade no Candomblé Angola. O Caboclo se tornou "genérico", indicando a raiz e os descendentes, como veremos adiante. Desse modo, o Caboclo se situa no interior do campo religioso como fator de tensão, pois sempre esteve associado à origem brasileira, concebida como sincretizada (não pura).

Durante muito tempo, as pesquisas dedicaram-se a compreender o Caboclo no Candomblé a partir de duas linhas interpretativas. Uma, que analisava o Caboclo sob a perspectiva do sincretismo afro-ameríndio, e a outra, que indicava o culto ao Caboclo (concentrado no Candomblé de Caboclo) como uma variante do culto Jeje-Nagô (SANTOS, J. T., 1995).

A primeira interpretação invocava a ideia de uma fusão cultural de elementos provenientes dos universos indígena e africano; a segunda impunha um conjunto de fatores de ordem teórica e metodológica, questionável diante das pistas deixadas pela tradição oral.

A abordagem sobre o sincretismo afro-ameríndio, notadamente entre os intelectuais da década de 1930, considerava a apropriação do Caboclo no Candomblé não apenas como resultado imediato dos contatos culturais, mas, principalmente, como um distanciamento das formas "puras" africanas. A partir daí, o Caboclo se constituía como um marcador no movimento de hierarquização das Nações de Candomblé, reafirmando o discurso da "pureza" e da superioridade Nagô.

Nessa linha, o modelo Jeje-Nagô – considerado o mais próximo das tradições africanas e, dessa forma, imune às influências ameríndias – passou a ocupar uma posição de destaque entre as demais Nações.

Dentro dos Terreiros, não obstante as divergências a respeito da figura do Caboclo, muitos religiosos se posicionaram a favor do tradicionalismo e contra o seu culto. Isso é possível perceber na seguinte passagem proferida por um pai de santo:

> Tudo é nagô puro; não há nada no meu candomblé da mistura que esses centros novos têm hoje em dia. Há gente que dá a essa bobagem de caboclo o nome de candomblé. Ora eles não sabem nada do jeito de fazer essas coisas da África. (PIERSON, citado por SANTOS, J. T., 1995, p. 15).

Entretanto, embora a renúncia ao Caboclo nos cultos de Orixás tenha se caracterizado como uma ação tradicionalista, muitas pesquisas revelaram a sua presença crescente nas casas de Candomblé consideradas as mais antigas e "puras" da Bahia, como discutimos em outro momento. Mas houve um esforço de vários adeptos e intelectuais em deslocar essa figura para o chamado Candomblé de Caboclo.

A gênese e as características desse rito estão mergulhadas em um universo impreciso, cujos hiatos deixados na reconstrução histórica revelam o quanto ainda os estudos afro-brasileiros carecem de pesquisas fora do circuito Nagô.

A hipótese trabalhada por Jocélio dos Santos (1995) consiste em atribuir ao Caboclo uma origem banta, ligada à ancestralidade, bem como conferir-lhe um papel de mudança discursiva no universo religioso afro-baiano:

> A elaboração dessas representações teve como referência elementos bantus, como ressaltamos acima, mas atendeu a objetivos aparentemente bem definidos no processo de transformação dos candomblés afro-baianos. Ou seja, o caboclo introduziu no âmbito do universo religioso afro-baiano um discurso de valorização do elemento autóctone que implica, ao nível do discurso dos adeptos, uma valorização da cultura indígena. (SANTOS, J. T., 1995, p. 90).

Durante a pesquisa de campo, verificou-se que a incorporação do elemento autóctone mencionada por Jocélio dos Santos (1995) estava associada à valorização das origens e da história brasileira. É como se, no Angola, o índio, transformado em Caboclo, se tornasse um marco fundacional da terra e da ancestralidade. A memória novamente é convocada nessa cosmovisão. As lembranças se dividem em coletivas e individuais (ancestrais e antepassados), as quais, em certos momentos, se encontram e se distanciam.

Nessa paisagem, o Caboclo constitui uma figura polissêmica que percorre o Angola como um ancestral itinerante, mas não esquecido; dialoga com os ideais nacionais e ao mesmo tempo rememora o antigo culto aos antepassados de uma África Banta ressignificada. Igualmente, delimita fronteiras com o culto aos Nkisis, sendo, em alguns Terreiros, marginalizado e profanado, e em outros, divinizado. Essa entidade se caracteriza por dualidades, contrastes e, às vezes, oposições.

3.4 Caboclo em Terreiro de Angola

> *Na ponta da minha Jangada, tem*
> *tanto peixe que nem dei conta,*
> *camarada.*

Muitas definições foram atribuídas ao Caboclo no Candomblé, criando dificuldades para os pesquisadores em adotarem um significado mais hegemônico. Edison Carneiro (1936), em suas análises, percebeu o Caboclo por vários ângulos, seja como "orixá novo", seja como deus indígena. Em alguns momentos, menciona-o como encantado e, finalmente, como espírito familiar de certas tribos indígenas.

Jocélio dos Santos (1995) chamou a atenção para duas vertentes explicativas para o fenômeno do Caboclo no Candomblé: a primeira refere-se ao Caboclo como um ser que, após a sua morte, se encantou; já a segunda define o Caboclo como "os espíritos dos índios brasileiros". De acordo com o autor, pode-se também acrescentar a concepção segundo a qual o Caboclo é percebido como "deuses ou semideuses nacionais, índios ou pessoas do campo, gente do interior diferente do índio" (SANTOS, J. T., 1995, p. 55).

Como hipótese, é plausível argumentar que essa pluralidade de visões sobre o papel do Caboclo no Candomblé constitui resultado de um duplo movimento, a saber, a necessidade de cultuar a terra e os ancestrais brasileiros, e, ao mesmo tempo, o conjunto de interpretações e combinações simbólicas que daí resultaram.

Nesse caminho interpretativo, o sistema religioso do Candomblé Angola dialogou com o discurso oficial sobre a identidade nacional, reposicionando o Caboclo no lugar mítico, ou seja, o "dono da terra", o herói civilizador. Nesse discurso, o índio perde a sua centralidade, abrindo espaço a outras figuras emblemáticas brasileiras, alinhadas às adequações regionais. Vemos assim o conceito se ampliando ao assumir, não apenas a representação do índio brasileiro, mas também as figuras míticas presas às terras brasileiras e transpostas ao universo mágico religioso do Candomblé.

Maria Helena Villas Bôas Concone (2001), ao analisar os tipos de personagens da Umbanda – "caboclos, pretos-velhos, zé pilintras, cangaceiros, pombagiras" –, afirmou serem extraídos da realidade nacional. São símbolos e tipos sociais, segundo a autora, embrenhados no imaginário popular brasileiro. Esses personagens se opõem uns aos outros, indicando a presença, no campo umbandista, da dialética "alienação-cooptação". A autora traz essas oposições para destacar os elementos e insígnias sociais que envolvem essas figuras. Além disso, ratifica a relação com os símbolos de brasilidade, sobretudo no que tange às origens e/ou raízes.

Assim, de acordo com Concone (2001), o índio (Caboclo) e o negro (Preto-Velho) estariam na Umbanda simbolizando a origem. Já o boiadeiro e o baiano (mestiços) congregariam as matrizes simbólicas da mestiçagem.

Nas entrevistas e na pesquisa de campo, observou-se que há uma proximidade com essa linha interpretativa na seguinte proposição: o Caboclo no Angola constitui a memória da terra, do ancestral e de seus descendentes.

A hipótese da ancestralidade parte das considerações realizadas por Ruth Landes (1967) e também por outros pesquisadores (PRANDI, 1991; SANTOS, J. T., 1995; SILVA, V., 1995), que teriam sugerido uma origem banta para o culto do Caboclo. Contudo, muitos Terreiros da Nação Keto também cultuam o Caboclo, considerados Eguns, ancestrais. O fato perceptível atualmente consiste em que o Caboclo se difundiu como uma entidade cultuada em várias Nações de Candomblé. Na Nação Angola, a sua presença parece mais marcante, notória, e sua origem, reclamada. Nos dizeres de uma sacerdotisa angoleira: "O Caboclo é nosso".

Em entrevistas, sacerdotes e sacerdotisas do Candomblé Angola ressaltaram a importância do Caboclo para essa Nação, reivindicando a origem da entidade na história do Angola. No entanto, embora o Caboclo esteja em uma posição central nesse rito, as visões e práticas religiosas se mostraram diversificadas durante a pesquisa de campo. Pode-se dizer que uma característica geral observada se refere às linhas limítrofes entre o culto ao Caboclo e aos Nkisis. Há Terreiros em que se verificou uma fronteira entre ambos e, em outros, ao contrário, os limites estavam diluídos.

Além disso, também há outras colorações no culto ao Caboclo dentro dos Terreiros analisados. Havia Casas em que o Caboclo estava mais associado aos emblemas nacionais, e outras em que não encontramos nenhuma referência a esses símbolos.

As análises que se seguem se dividem em dois focos: primeiro, refletiremos sobre os Terreiros cujos limites entre Nkisi e ancestral são verificáveis e considerados para o grupo como fundamentais na estrutura do rito; segundo, discorreremos a respeito dos Terreiros em que as fronteiras estão diluídas.

Essas observações revelaram um conjunto de representações sobre o Caboclo e, simultaneamente, certa categorização ou divisão feita pelo grupo entre Candomblé de Nkisi e Angola de Caboclo. Esses títulos, encontrados em pesquisa de campo, serão utilizados para ilustrarem as fronteiras construídas em torno do Caboclo e as abordagens sobre o Angola.

3.5 Candomblé de Nkisi: o Caboclo é encantado para a vida

Os caboclos são nossos ancestrais, nossa história.

O Terreiro que será aqui analisado chama-se Ilê N'Zambi e está localizado na cidade de Caraguatatuba, litoral norte paulista. Fundado na década de 1980 por Tata Kajalacy (Ataualpa de Figueiredo Neto), o Terreiro pertence à raiz de Manaunde (Julita Lima da Silva). O sacerdote fora iniciado por Oiá Ice (Cinira de Jesus), sacerdotisa que tem seu Terreiro, Abassá Iansã e Oxóssi, desde meados da década de 1960 no bairro da Casa Verde, em São Paulo (SP). Essa sacerdotisa iniciou muitos no Angola em Santos, São Vicente, Praia Grande e outras cidades do litoral paulista.

A história do Ilê N'Zambi torna-se emblemática para pensar as dinâmicas espaciais do Candomblé e da própria Nação Angola. Pai Ataualpa (ou Tata Kajalacy) sempre esteve ligado à comunidade de candomblecistas da cidade de Santos. Mas sua mudança para o município de São Sebastião (cidade do litoral norte paulista), em fins da década de 1970, levou o Angola e sua raiz para outras direções.

Em Santos, Tata Kajalacy conheceu e frequentou Terreiros de Candomblé Angola e de Umbanda – manifestações religiosas que apresentam algumas aproximações, mas que não podem ser confundidas (FIGUEIREDO, 2017). Apesar de relatar as suas idas às festas da chamada Umbanda de raiz santista, Tata Kajalacy foi iniciado diretamente no Candomblé, não passando pelos processos iniciáticos da Umbanda.

O nome do Terreiro também apresenta alguns elementos, como o diálogo com a Nação Keto, já que Ilê é uma palavra pertencente ao universo iorubano. Segundo a explicação de Tata Kajalacy (entrevistado em 2014):

> Este nome marca o período da história de muitos angoleiros que se orixalizaram para serem mais aceitos e reconhecidos. Apesar de eu ter uma posição contra a orixalização do Angola, eu não tirei a palavra Ilê porque não quero apagar a minha história e da minha família de santo.

Pode-se dizer que a casa passou por três grandes fases. A primeira foi marcada pelo diálogo com o Keto. O próprio Terreiro de sua mãe de santo (Terreiro Abassá Iansã e Oxóssi) apresenta fronteiras diluídas com essa Nação e com a Umbanda. Nessa fase, o Terreiro Ilê N'Zambi ainda era pequeno e com uma estrutura muito simples, e apresentava um panteão "orixalizado". Mas, curiosamente, as cantigas, as danças, as vestimentas e os toques remetiam-se às características do Angola.

Na segunda fase, datada aproximadamente de fins da década de 1990 a 2003, assinala a tentativa de "desketuizar" algumas referências religiosas encontradas na estrutura. Kajalacy passara a ser muito procurado na região pelo seu jogo de búzios. O Terreiro ganhou novas formas com a sua ampliação, que já vinha sendo realizada ao longo do tempo. Dividiu-se o espaço em dois núcleos, um dedicado ao culto ao Caboclo e outro, ao Nkisi. O sacerdote conta ter participado de um encontro de angoleiros em São Paulo, importante, segundo ele, para se atualizar nos debates religiosos da Nação. Foi o 2º Ecobanto (Encontro Internacional das Tradições Banto), realizado no Memorial da América Latina, na cidade de São Paulo, em setembro de 2004. O tema era *Africanidades Banto – Tradição Oral, Resistência Religiosa e Identidade Cultural*; foi organizado pela Federação

Nacional da Tradição e Cultura Afro-brasileira (Fenatrab) e pelo Centro Internacional das Civilizações Bantu (Ciciba, Representação Brasileira).

Por fim, a terceira fase veio a partir de 2003, quando se verificaram duas importantes mudanças. Primeiro, Kajalacy começou a estudar as línguas bantas, traduzir cantigas e "apurar", como ele menciona, as palavras que poderiam estar incorretas ou ketuizadas. Também verificou-se a procura pela história e pelas características de sua raiz, criando narrativas sobre sua linhagem.

Cabe ressaltar que havia, em meados dos anos 2000, uma preocupação, por parte de muitos sacerdotes e sacerdotisas do Angola com as suas raízes de santo, talvez para firmarem uma tradição, uma identidade, bem como para ganharem legitimidade dentro e fora do Terreiro.

A outra mudança pode ser apontada como a inserção de Kajalacy nas lutas políticas contra o racismo na região. Isso o levou a duas atuações entrecruzadas: valorização de um patrimônio afro-banto e promoção de políticas a favor da igualdade racial. Nesse momento, esse sacerdote ficou conhecido por toda a região. Protagonizou importantes conquistas políticas, como a Lei Municipal que obriga a prefeitura (poder público) a comemorar a Semana da Afrodescendência, um evento a mais no calendário reivindicado pelo movimento negro. Também contribuiu nas Campanhas Contra Intolerância Religiosa da região, entre outras.

Em todas essas fases, porém, o Caboclo teve um papel central, assumindo diferentes formas e conteúdos discursivos. Nas observações feitas na década de 2010, os significados e representações construídas em torno do Caboclo revelaram aspectos interessantes sobre o seu papel na estrutura religiosa desse Terreiro. Assim, nas palavras do sacerdote:

O Caboclo é um ancestral da pessoa. Representa a memória da família. O eixo familiar da pessoa. É um morto, um espírito, por isso não é assentado. Quer dizer, tem ancestral que às vezes precisa assentar. Mas Caboclo não. Ele representa a família. E também representa um tempo muito antigo. (Tata Kajalacy, entrevistado em 2014).

Esse relato demonstra que o Caboclo simboliza uma narrativa que remonta às origens do indivíduo e às complexas relações de parentesco que o envolvem. A memória familiar e a reconstrução de uma ancestralidade e linhagem estão circunscritas à esfera mítica. Existe um culto ao antepassado e à sua terra. Estabelece-se aí uma unidade entre a terra e os antepassados dos indivíduos. Ou seja, a memória individual e a coletiva se entrelaçam.

No caso da terra, o Caboclo representaria, nesse Terreiro, o (re)começo da vida ancestral no contexto brasileiro, daí encenar essa memória coletiva. Nessa *performance*, a memória traz um passado reinventado que realça a ideia de um Brasil mestiço. O Caboclo parece contar a história do país, dos encontros entre índios e negros, dos conflitos, das confluências religiosas, das tensões raciais, do poder colonial branco e do regionalismo, entre outros aspectos. Muitas cantigas trazem essas narrativas:

Eu nasci no Brasil
Sou brasileiro
Meu trabalho é arrochado
Mas não sou mais do cativeiro

Como se verifica, essa cantiga reforça o pertencimento a uma identidade brasileira e igualmente a uma história não mais ligada à escravidão. Isso se torna também ilustrativo no seguinte depoimento:

> Meus ancestrais eram negros que vieram para cá, pra essa terra. Depois se misturaram com os índios, os donos da terra. Então sou dessa linha aí. Meu Caboclo quando vem conta a nossa história, história da minha família um pouco índia e um pouco negra. (Kongo, entrevistado em 2014).

Cabe notar que o culto a essa entidade ocorre em um espaço separado daquele dedicado ao dos Nkisis. Esse lugar, construído em um ambiente aberto envolvido pela vegetação, foi chamado de profano, o que nos remete a pensar a função dessa memória ou história (profana) na estrutura religiosa desse Terreiro. Se Kitembo, o guardião das lembranças passadas e da memória ancestral, se insere na esfera do sagrado, por que o Caboclo estaria ligado ao espaço profano?

Mircea Eliade (2012) destaca que o sagrado não se caracteriza por uma homogeneidade espacial. Ao contrário, há rachaduras na estrutura que não apenas fragmentam esse espaço, mas também trazem oposições para o seu interior. Na perspectiva do autor, faz parte da experiência religiosa essa não homogeneidade espacial, pois cria-se a possibilidade de encontrar "o ponto fixo", o centro pelo qual orienta-se e manifesta-se o sagrado. Nas palavras de Eliade (2012, p. 17):

> Vemos, portanto, em que medida a descoberta – ou seja, a revelação – do espaço sagrado tem um valor existencial para o homem religioso; porque nada pode começar, nada se pode fazer sem uma orientação prévia – e toda orientação implica a aquisição de um ponto fixo.

Tal ponto se reveste do invólucro da fundação, pois "para viver o mundo é preciso fundá-lo" (ELIADE, 2012). Acresce que a existência dessas frestas na conformação do espaço cria as oposições tão necessárias para a experiência religiosa.

Nesse âmbito, as diferenças entre o espaço sagrado e o profano, elucidadas por esse autor, estão na ideia do "ponto fixo" traduzido como "criação do mundo", homogeneidade, orientação e o que o autor denominou "viver o real". No espaço profano, viver-se-ia o seu reverso, isto é, sem fixidez, marcado por trânsitos, mobilidades fugazes e ilusórias. No entanto, existe certo *continuum* nesses espaços, já que o limite se traduz também como persistências.

Dentro dessa análise, é possível afirmar que o culto ao Nkisi nesse Terreiro parece ser o "ponto fixo", e o Caboclo, o elemento volátil da estrutura. O espaço profano carrega certas continuidades com o sagrado, contudo, se pulveriza em diferentes planos.

Muitas vezes, nos relatos dos membros do Angola, o Caboclo surgia como algo deslocado, marginal. Essa faceta se revelou extremamente paradoxal: por um lado, a entidade tornou-se necessária para manter o culto aos ancestrais, o que implicava "abrasileirar" a própria memória; por outro, relacionava-se o Caboclo com a perda de uma África mítica, tornando-o um artifício remontado e acoplado à estrutura.

No culto ao ancestral, o Caboclo traz alguns emblemas ligados à terra (ao índio) e aos seus descendentes (os mestiços-caboclos). Nas palavras de um sacerdote:

> Existem dois ancestrais que cultuamos: o índio e o Caboclo. O índio representa a terra, o início de tudo. E o Caboclo, os descendentes, os primeiros a povoar essa terra, os mestiços. Se bem que, quando falamos de Caboclo no Candomblé Angola,

já entendemos que é o culto a essas duas entidades. (Tata Danda Kessi, entrevistado em 2014).

Na parte do culto aos descendentes, o Caboclo se subdivide em linhagens familiares que se remetem a figuras regionais brasileiras, como: o boiadeiro, o marinheiro, o sertanejo, o índio e o jangadeiro, entre outros.

Vale frisar que o Nkisi Kitembo está ligado à memória ancestral, individual e dada pela consanguinidade; já o Caboclo se vincularia à ideia de uma memória ancestral mítica e coletiva, reforçando insígnias dos ideais nacionais, como explicitadas na cantiga abaixo:

Bandeira branca
Traz o seu pai forte
Trago no peito uma estrela brilhante
Oi Deus nos salve essa casa santa
Com a espada de guerreiro.
Sou brasileiro, sou brasileiro
Sou brasileiro, imperador
Sou brasileiro, sou brasileiro
Sou brasileiro, imperador.

A bandeira branca parece simbolizar a paz; já o "pai forte" e a "casa santa" se remetem, possivelmente, ao Brasil. Pai e casa realçam o masculino e o feminino, ou ainda a força e a santidade, a autoridade e o lugar. As inúmeras vezes em que se repete "sou brasileiro e imperador" reforçam o conjunto de simbologias e ideais nacionais.

Contudo, o Caboclo, ao se vincular ao Nkisi, destaca a importância do "pacto de sangue" e, paralelamente, torna o indivíduo que o incorpora protagonista da memória ancestral coletiva. Conforme as palavras de um sacerdote desse Terreiro:

> Eu sou filho de Gangazumba e meu Caboclo se chama Pena Branca. Ele é índio, é do mato e foi feiticeiro, mexia com folhas. O Caboclo é antepassado, eu tenho origens indígenas, são os meus antepassados. Mas o nome Pena Branca é nome de sala, para o público. É um nome geral, para marcar a minha origem. O nome verdadeiro do meu Caboclo, eu não posso revelar, é segredo, está no fundamento. Ele tá ligado a minha história, da minha família. E ele é empregado do meu Nkisi. Por isso, ele está ligado à clareira, ao ar. (Kongo, entrevistado em 2014).

Observa-se, nessa passagem, que o Caboclo reconta uma história familiar, traça a linhagem e reforça o vínculo com o Nkisi. Cada indivíduo tem seu Caboclo e só o incorpora mediante ritos iniciáticos. Segundo o sacerdote:

> A pessoa, na hora da fecundação, são dados a ela um Nkisi e uma marca de ancestralidade. Ancestral e essa pessoa que vai nascer – que é de uma determinada natureza, Nkisi – são coisas diferentes, mas ligados pelo sangue. O indivíduo carrega dentro de si a morte e a vida. Mas a vida é soberana. (Kongo, entrevistado em 2014).

O culto ao Caboclo também representa a dualidade no interior do Candomblé, isto é, se encontra ao lado da morte e do profano. Mas ele se curva diante da vida e do sagrado, este simbolizado pelos Nkisis. O relato de um sacerdote aponta um conjunto de visões que norteiam a figura do Caboclo nesse Terreiro de Angola:

O Caboclo não é encantado. Encantados são seres vivos. A vida é fonte de encantamento. Os Caboclos se encantam quando experimentam um momento de vida. (Tata Kajalacy, entrevistado em 2014).

Cabe frisar que há diferenças marcantes entre a visão sobre os seres encantados encontrada nesse Terreiro e as analisadas em outros ritos afro-brasileiros, sobretudo na Encantaria amazônica. Na definição de Maués e Villacorta (2001, p. 17):

> [...] a crença [da encantaria] nos encantados se refere a seres que são considerados normalmente invisíveis às pessoas comuns e que habitam "no fundo", isto é, numa região abaixo da superfície, subterrânea ou subaquática, conhecida como "encante".

Há uma concepção distinta sobre o encantamento que fundamenta muitos aspectos da estrutura religiosa desse Terreiro. Segundo as entrevistas, o mundo está dividido em duas realidades: uma factual e outra encantada. São esferas que não são estanques, uma vez que se intercomunicam.

Os Nkisis que representam esse "encantamento do universo", na visão do Terreiro analisado, são: Katendê, Kitembo e Angorô. O ser humano, segundo os relatos, não poderia viver imerso apenas na trama da razão; necessitaria ler o mundo por outras lentes, mais imaginativas e apaixonadas. O encantamento se ligaria, então, ao culto à vida, pois encantar-se também pode implicar aumento da força vital. O sacerdote diz: "O amor é encantamento, a vida, a paixão, a alegria, felicidade, arte" (Tata Kajalacy, entrevistado em 2014). Só a morte eliminaria essa ação "encantada" pela vida.

Nesse Terreiro, a representação do mundo dos mortos e dos vivos se encontra por meio do Caboclo. São processos metaforizantes, mas o eixo é a vida. A vida, o Nkisi, impulsionaria esses processos e estabeleceria as conexões. Essa entidade, o Caboclo, torna-se um ser encantado ao entrar em contato com a vida. Essa definição se aproxima daquela que encara o encantado como uma transformação do ser. Se a vida é fonte de encantamento, o Caboclo, ao experimentá-la no momento de incorporação, reinstaura-a. O Caboclo não é encantado, afirmam os interlocutores, ele se torna nos processos mágicos utilizados nos rituais aos ancestrais e no transe.

Assim, ao ser incorporado, o Caboclo traz sua história, sua linhagem e os mitos por meio das cantigas. Essas ressaltam o lugar da natureza em que o Caboclo se prende e a história do Brasil da qual faz parte. Com isso, ele traz algo genérico e individual, igualmente encena o mundo social e traz elementos da natureza cultuados na estrutura.

A seguir estão três cantigas que merecem destaque. A primeira se refere à mata (a origem); a segunda, à Kaitimba (ao Nkisi); e, por fim, a terceira costura o Nkisi com o Caboclo e com a natureza.

1 – A mata
Eu vim de longe, aea.
Eu vim lá da ribeira, aea.
Do lugar de onde eu vim,
não tem porta e nem porteira, aea.

2 – O Nkisi
Boa noite pra quem é de boa noite.
Bom dia pra quem é de bom dia.
Abença, meu pai, abença.
Kaitimba é a força e a luz do dia.
Bom dia.

3 – O Caboclo

A onda me trouxe.
O vento me leva.
Quando a chuva acabar,
Eu volto pro mar.

É interessante notar que há uma reelaboração nessas cantigas. No caso da segunda, introduz-se o nome do Nkisi para ajustar-se à lógica da estrutura, qual seja, o culto ao Caboclo ligado ao do Nkisi. Já a terceira revela a natureza, o elemento que une Nkisi e Caboclo. Se analisarmos a sequência das cantigas, torna ainda mais nítida essa interpretação a respeito da Nação Angola. A primeira cantiga é encontrada nas festas de Caboclo em muitos Terreiros. A segunda e a terceira dão o tom e a particularidade a essa festa e ao culto do Caboclo nesse Terreiro analisado.

O culto ao Nkisi constitui o elemento central nessa estrutura religiosa e no conjunto dos ritos realizados. Ao serem traduzidos como a vida, como tudo o que existe, os Nkisis se localizam no mundo dos vivos. Esse lugar lhes atribui supremacia diante das esferas do sagrado, exercendo poder sobre toda a estrutura.

A relação entre os Nkisis e o Caboclo está marcada pela submissão deste último ao primeiro. O Caboclo se divide, como já mencionado, em duas representações simbólicas: o índio e o mestiço. Em uma ponta, o índio simbolizando a terra e a origem de um grupo. Na outra, o mestiço indicando os primeiros descendentes, os quais fundaram os troncos familiares dos indivíduos.

O Nkisi incide sobre a ancestralidade, mas na linha da consanguinidade, o que traz a noção de continuidade, e não apenas de origem. Os ancestrais vivem e revivem nos seus descendentes, afirmam os membros do Terreiro.

Nessa esfera, percebe-se que o ser humano está conectado com o mundo dos mortos e dos vivos a partir do Nkisi e do Caboclo. Todavia, embora o Caboclo faça alusão a elementos genéricos nessa pertença ancestral, o Nkisi o particulariza, atribuindo-lhe traços ligados às suas características. Dessa forma, percebe-se um imbricamento entre Nkisi e Caboclo: ambos não estão separados no sistema, porém não se confundem nele.

Muitas análises se dedicaram a compreender o Caboclo como uma interface do Orixá ou Nkisi. Nesse Terreiro, os relatos indicam que, embora o Caboclo dialogue com o Nkisi (as cores de sua roupa devem indicar o Nkisi do indivíduo que o incorpora, as cantigas fazem menção ao lugar natural desse Nkisi), ambos não são confundidos. Isso porque existe uma fronteira entre essas esferas que confere uma lógica a toda a cosmogonia desse Terreiro.

Um dos membros se dizia filho de Kabila e, no toque de Caboclo, vestiu roupas estampadas que ressaltavam o verde, a cor de seu Nkisi. Porém, as roupas de Caboclo, nesse Terreiro, são obrigatoriamente estampadas para indicar tanto uma "brasilidade" como uma "africanidade". A dualidade no uso do tecido estampado se manifesta na escolha da chita. Segundo o sacerdote Tata Kajalacy (entrevistado em 2014):

> Esse tecido é incrível porque é colorido como os tecidos africanos, mas tem algo que é nosso, do Brasil. É um tecido muito brasileiro. Associamos esse tecido com o Brasil, com o colorido da África, e cada pessoa, filho ou filha de santo, escolhe o seu tecido para vestir o seu caboclo. Mas precisa sempre acentuar a cor do seu Nkisi.

O iniciado, após um ou dois anos de passagem nos ritos destinados ao seu Nkisi, passa a se dedicar, orientado pelo sacerdote, aos seus ancestrais. Nesse momento, o Caboclo é chamado ou, nas palavras do sacerdote, "é solto" no espaço da natureza ao qual pertence o Nkisi do neófito. Assim, se o Nkisi for Kaitumba, a praia será o lugar em que o rito ocorrerá.

A inferência do sacerdote é pontual para o entendimento dessa lógica:

> Soltar o Caboclo faz parte da corte do Nkisi. Dialogar com os vários mundos faz parte dele. São os desdobramentos do Nkisi, do humano. O humano se desdobra e se liga às várias esferas da natureza. (Tata Kajalacy, entrevistado em 2014).

3.6 A Festa de Caboclo: seu moço solta a indaca

A festa, nesse Terreiro analisado, ocorreu no início do mês de julho, data marcada em virtude do Nkisi Katendê. Esse Nkisi constitui, segundo os entrevistados, uma das referências aos emblemas do Caboclo, ou seja, a mata. Cabe ressaltar que Kabila e Katendê representam o mundo vegetal. No entanto apenas esse último está assentado na parte externa no Terreiro.

Além disso, de acordo com depoimentos, o vegetal seria um dos veículos de acesso à magia. O trabalho com a ancestralidade, nos dizeres de um dos interlocutores, requer esse mecanismo. Esse critério parte do calendário dos Nkisis indicando os vínculos entre o Caboclo e o culto aos Nkisis. A própria estrutura da festa sugere essa ligação, na medida em que as cantigas são inicialmente de louvação aos Nkisis do panteão.

É interessante notar que, aqui, os emblemas de uma brasilidade estão presentes de formas sutis, e notáveis apenas na presença em si do Caboclo que *performatiza* o mito de origem, bem como nas cantigas, que fazem referência a tais emblemas.

Figura 18: Festa de Caboclo: telheiro. Ilê N'Zambi, 2013.
Foto: Débora Lourenço Blanke.

Figura 19: Festa de Caboclo: danças. Ilê N'Zambi, 2013. Foto: Débora Lourenço Blanke.

A festa se divide em duas partes: a primeira é dedicada ao sagrado, no espaço onde se realizam as festas aos Nkisis durante todo o ano; já na segunda parte, as cantigas para chamarem os Caboclos são em português e algumas são ligadas ao universo linguístico banto. No entanto, esse culto é realizado em outro espaço, no chamado profano, na parte externa do Terreiro, mostrado nas Figuras 18, 19 e 21.

Esse local, dedicado aos cultos profanos, apresenta as seguintes características: um telheiro com chão de barro, decorado nessa festa com folhas de jiboia (folhas usadas somente para Caboclos) e com as laterais abertas. No alto do telhado, no centro, uma cabaça que nas palavras do sacerdote:

> [...] representa a ancestralidade porque tem o formato dos órgãos femininos e masculinos responsáveis pela continuidade, e aqui simboliza o culto ao ancestral e ao Caboclo. (Kongo, entrevistado em 2014).

Vale frisar que o culto ao ancestral não se reduz apenas ao Caboclo. Existem outras formas de entrar em contato com o mundo dos mortos, como a magia (uso de folhas e rezas para acessá-los).

Na parte direita do telheiro, encontra-se uma vegetação que esconde o assentamento do Nkisi Kitembo. À esquerda, como mostram as Figuras 20 e 21, há uma cabana de palha aberta, triangulada, com objetos de adorno que nos remetem ao Caboclo, como chapéu de boiadeiro, tocos de árvore, charuto, cabaças e potes com água (quartinha). Está enfeitada de folhas de cana-de-açúcar e com oferendas de frutas, ambas sinalizando os traços de brasilidade ou de uma ancestralidade.

Figura 20: Festa de Caboclo: cabana. Ilê N'Zambi, 2013.
Foto: Débora Lourenço Blanke.

Figura 21: Festa de Caboclo: telheiro. Ilê N'Zambi, 2013.
Foto: Débora Lourenço Blanke.

À frente, encontra-se o barracão em que se cultuam os Nkisis e, mais adiante, próximo de árvores (bambuzais à esquerda na composição do espaço) e escondido em um canto, encontra-se uma pequena construção de alvenaria, com chão de terra, teto baixo, fechado e cercado com bambu

(Figura 22). Lá se cultua o ancestral, evocam-se os Vumbes e os assentam apenas quando necessário. Nas suas proximidades, não é permitida a circulação, pois parece ser um lugar "perigoso". Uma Makota afirmou: "Ali ronda a morte".

Além desse espaço fixo consagrado aos mortos, há outros rituais realizados em árvores e na terra, pois imagina-se que esses elementos mantêm conexões com os ancestrais. Nos Terreiros visitados, as árvores eram decoradas com um laço colorido de pano. Bastide (2001b, p. 81) mencionou que os Terreiros Bantos cultuavam os ancestrais a partir de certas árvores. Segundo o sociólogo, os bantos acreditavam que as almas das filhas e filhos de santo mortos habitavam as árvores e seus ramos. Não mencionou, contudo, onde foi localizado esse culto, nem forneceu mais detalhes dessa prática.

Figura 22: Esquerda: bambuzais. Direita: Casa do Vumbe. Terreiro Ilê N'Zambi, 2016. Foto: Débora Lourenço Blanke.

Em um dos ritos de evocação ao ancestral de que pude participar, a posição do Sol, as cabaças, a posição em cócoras e as rezas formavam as linhas básicas pelas quais orientaram o rito. A necessidade de assentar um Vumbe é explicada novamente pela memória: "Precisamos assentar um ancestral quando as lembranças se confundem na vida e passam a atrapalhar a vida do indivíduo" (Danda Kessi, entrevistado em 2014).

Além disso, há uma pesquisa sobre o ancestral por parte dos envolvidos no rito, devendo-se colher informações a respeito das datas de nascimento e morte como condição para a evocação. Durante a pesquisa de campo, verificou-se que a busca por informações sobre o ancestral constituía uma das fases importantes e preparatórias para o rito. Um dos membros do Terreiro encontrou informações nos documentos do século XIX em um arquivo localizado na cidade de Paraty, Rio de Janeiro. O nome, o sobrenome e as datas, assim como outros elementos, reavivaram a memória do ancestral evocado.

Há uma diferença entre Caboclos e Vumbes no que diz respeito ao culto ancestral. Os Caboclos não podem ser assentados, pois fazem parte de uma representação coletiva. Os Vumbes, ao contrário, como atuam diretamente sobre o indivíduo, podem ser assentados desde que todo o rito seja realizado no moldes anteriormente mencionados.

É interessante notar sobre os Vumbes, os mortos, que, à medida que o tempo e as gerações se distanciam, suas lembranças se esvaem aos poucos. Dizem que os Vumbes "adormecem". O sacerdote assim explica:

> As vezes o Vumbe tá adormecido, quase esquecido, e é despertado por um descendente. Ele fica irritado [risos]. Ancestralidade é isso, tem níveis, dimensões que às vezes não conseguimos compreender tudo. Vai e volta. Pensa no céu, nas estrelas. Tem estrela que não brilha mais, ninguém vê, mas está lá. Ou esteve [risos]. (Tata Kajalacy, entrevistado em 2014).

As simbologias ligadas ao culto ancestral e, particularmente, ao Caboclo, se revestem de muitos significados. Os potes de barro (as quartinhas) com água colocados são para contrapor o espaço dedicado aos mortos. Isso porque a água representa, para esse grupo, a vida e a origem do mundo. Parece reforçar aí as relações de poder nessa estrutura, ou seja, a vida e os Nkisis estão no topo dessa hierarquia.

A água é muito utilizada nos ritos mortuários nesse Terreiro: a ida aos funerais obriga o adepto a passar uma tigela (ou copo) de água sobre a cabeça e jogá-la na terra a fim de eliminar os rastros do morto. Do mesmo modo, a água lançada sobre o Caboclo ou kiumba os leva embora. Em outro Terreiro visitado, a água também está associada à ancestralidade: "Quando o Caboclo vem, ele deixa um copo de água aberto, abrindo a ancestralidade da vida" (Tata Silvio de Mutalambô, entrevistado em 2016). No entanto, a água ocupa, nesse contexto, o caminho para acessar o Caboclo, já que ancestralidade não constitui esfera ligada à morte, e, sim, à vida.

Os Caboclos são chamados ao entardecer, provavelmente quando o Sol vai anunciando seu movimento diante do Kalunga. A partir daí, a dança toma conta do cenário, contagiando a todos. As cantigas se remetem ao lugar onde se encontra duplamente esse Caboclo: na natureza, com o Nkisi, e na sua linhagem ancestral, o tipo de Caboclo. Estruturadas por uma linguagem figurada, as cantigas articulam fragmentos de uma memória mítica. É todo um cenário *performático* que dá vida ao mito de origem.

Cantiga 1
Eu dei tiro na sapucaia,
Na sua aldeia não há
quem escute e que não saia.

Cantiga 2
Jurema preta, princesa rainha,
Ela é dona da cidade
Mas a chave é minha. Ô Jurema.

Na primeira cantiga, a referência à aldeia e à árvore sapucaia traz o cenário da mata e dos índios, os ancestrais. Já na segunda, o nome Jurema se remete ao universo linguístico e/ou religioso indígena. A música puxada pelo Caboclo sugere uma interpretação em que Jurema é a "dona da cidade" ou, poderíamos dizer, a "dona da terra". Contudo, esse território ancestral parece ser guardado por aquele que tem a "chave", isto é, o Caboclo.

Vale frisar que, tratando-se de um Terreiro no litoral paulista, ou seja, fora do universo afro-baiano, não se verificaram cantigas ou simbologias associadas ao discurso que marca a independência da Bahia no século XIX. Parecem apresentar, ao contrário, um distanciamento desse contexto ritual e discursivo. Isso, todavia, não implica um afastamento de alguns elementos ideológicos do discurso da mestiçagem e, do mesmo modo, dos emblemas nacionais.

A dança em roda e, às vezes, "ao pé do coro" (em frente aos atabaques) é acompanhada por bebidas, servidas em uma cuia, e charutos. As brincadeiras e certo sarcasmo completam o quadro jocoso e lúdico da *performance*. As roupas estampadas não contêm acessório algum que possa nos dar pistas sobre o Caboclo. Apenas nas cantigas, para quem conhece um pouco de seus códigos, verifica-se a linhagem, o Nkisi e o tipo de Caboclo. Acresce que as bebidas para os Caboclos são feitas de jurema e para o público há cerveja, servida em uma grande metade de cabaça. Dessa deve ser bebido apenas um pouco, passando-a de pessoa para pessoa até completar o círculo formado pelo público. De acordo com o interlocutor, "a intenção desse ato está [...] na divisão da energia e envolvimento do público com o rito. São as trocas" (N'jila Mapembe, entrevistado em 2014).

Interessante notar elementos do culto da Jurema introduzidos nesse culto, revelando o diálogo com as representações ameríndias nesse Terreiro. A fumaça produzida pelos charutos e emitida com finalidades curativas também faz alusão a traços do Catimbó.

Figura 23: Festa de Caboclo: Ilê N'Zambi, 2013.
Foto: Débora Lourenço Blanke.

A *divisão* ou as *trocas* são palavras recorrentes nas explicações públicas dos filhos, filhas, sacerdotisas e sacerdotes desse Terreiro, pois acredita-se que a festa cria uma comunidade onde os laços e as energias do universo unem os indivíduos: "Um fortalece o outro, e o universo agradece" (N'jila Mapembe, entrevistado em 2014). Vale mencionar que esse formato se diferencia do encontrado em alguns Terreiros em São Paulo, como veremos adiante, cuja organização espacial divide e separa o público (o profano) e a roda (o sagrado).

Durante a festa no Terreiro analisado, os Caboclos fazem alguns rituais e dão consultas individualizadas ao público, mas acompanhadas de um filho ou uma filha de santo que traduz a fala truncada e as palavras, muitas vezes difíceis de compreender. O Caboclo pode ser compreendido como a comunicação entre vivos e mortos. Ao soltar a sua *indaca* (língua, ato de falar), a entidade dá vida à festa, entrelaçando o ser humano com o sagrado.

À despedida do Caboclo seguiu-se a incorporação das Kiumbas, traduzidas pelo sacerdote como a Grande Morte.

A morte se apresenta nesse Terreiro em diferentes níveis e gradações. Os adeptos que incorporam a Kiumba exibem uma *performance* de sofrimento e dor. No transe, caem abruptamente no chão se contorcendo e ecoando sons de desespero. Trata-se de um culto impactante, mesmo para os de dentro da Casa.

As Makotas jogam velas brancas no chão e os filhos incorporados as mastigam em um ato de suplício, rastejando na terra como se a estivessem invocando. Uma das Kiumbas mordeu o tornozelo de uma visitante desavisada, tornando o ambiente tenso. As Kiumbas só são incorporadas por meio dos Caboclos. São eles que as trazem, pois têm o acesso ao mundo dos mortos – possuem "a chave da cidade". Se o Caboclo representa a ancestralidade, as Kiumbas simbolizam a morte em si. Morte que é dor, desespero e tragédia nessa visão.

Nos registros etnográficos, a Kiumba está presente nas Umbandas e Macumbas e representa um espírito mau. Neste Terreiro, a Kiumba é um Vumbe que não fala, apenas encena a sua condição de morto, uma lembrança da morte.

Ao término, canta-se uma cantiga para as Kiumbas e os Caboclos irem embora e, aos poucos, essas entidades vão deixando o mundo dos vivos. Na cantiga de despedida adiante, observam-se algumas alegorias, como a menção ao fogo, cuja simbologia, estudada por Slenes (1992), está ligada à ancestralidade. Do mesmo modo, o termo *camarada*, remetendo a uma pertença étnica.

Cantiga de despedida
Voa rolinha,
Rolinha, o fogo se apagou
Adeus rolinha,
Camarada, eu já me vou

Rolinha, de cansada,
Deu com o papo na areia.
Adeus, meus camaradas,
Eu vou voltar para minha aldeia.

Iniciou-se a festa com a bebida sendo compartilhada por todos, e finaliza-se o rito do mesmo modo. Os convidados empurram as folhas que cobrem o chão com os pés para o centro do telheiro, acompanhando as cantigas. Todos (filhos, filhas de santo e convidados) descalços, para sentirem a energia da terra, dos ancestrais. Em coro, cantam e pedem que as Kiumbas levem os males daqueles que vivem. É preciso limpar e apagar os rastros da morte.

Após a cantiga de despedida e encerramento, o jantar foi servido. A mesa é decorada com folhas, toalha de chita e o cardápio que se remete, na visão do grupo, ao Brasil, ao Caboclo: mandioca, batata-doce, banana, polenta com linguiça frita, milho na espiga, doce de abóbora e frutas. Para esse grupo, a batata-doce é símbolo do Caboclo, pois está enraizada à terra.

3.7 Angola de Caboclo: o Caboclo encantando a vida

Em pesquisa de campo, observaram-se diferenças significativas entre os Terreiros de Angola que passaram pela Umbanda e os que não passaram, mas de alguma forma mantiveram uma relação, sobretudo, a partir do Caboclo.

Entre os Terreiros visitados, verificaram-se os seguintes modelos: 1 – Terreiros em que o sacerdote ou a sacerdotisa iniciaram na Umbanda e, depois, migraram para o Candomblé Angola; 2 – Terreiros que surgiram ou "nasceram" no Angola, mas que guardavam relação com os umbandistas; 3 – Terreiros que transitaram por Umbanda, Keto e Angola. Dentro desses modelos, ainda existem as marcas de reafricanização incorporadas, conferindo outros formatos à estrutura.

A história do Terreiro de Tata Sílvio de Mutalambô traduz múltiplos diálogos entre a Umbanda e o Candomblé Angola. O Terreiro Unzo Mutalambô, Dandaluna e Caboclo Itaiguara, localizado no Jardim Leônidas, Zona Sul de São Paulo (SP), nasceu na Umbanda, migrou para o Angola, dialogou com o Keto e, hoje, tenta se inserir no movimento de reafricanização do Angola. As reelaborações são contínuas e as fronteiras entre os diferentes sistemas religiosos são fluidas.

A relação entre a Umbanda e o Angola parece ser mediada pelo Caboclo. Em entrevista, o sacerdote afirmou que apenas essa Nação de Candomblé aceitaria receber o seu Caboclo e as entidades umbandistas, daí a escolha por essa Nação. Essa opção pode ser compreendida também a partir de dois fatores: primeiro, a abertura considerada maior na Nação Angola ao Caboclo, como afirmou Pai Sílvio, embora muitos Terreiros da nação Keto tenham, igualmente, assumido o espaço de culto a essa entidade. Em segundo, o discurso atual de reafricanização do Angola, que parece abrir uma perspectiva maior para disputar com a Nação Keto, até então considerada, nos moldes de pureza, um rito tradicional.

De forma paradoxal, para esse interlocutor, a Nação Angola seria tradicional e, ao mesmo tempo, aberta a outras referências religiosas. Isso implica dizer que o conceito de tradição encontrado nesse discurso caminha para a abertura e não fechamento do processo de identificação.

Isso não significa, no entanto, o apagamento das tensões e disputas no campo religioso, principalmente porque o modelo de purismo que orienta o processo de reafricanização do Angola aponta limites pontuais para o diálogo com outras tradições religiosas. De modo que essa proximidade com a Umbanda, se, por um lado, passou a ser criticada a partir da expressão *umbandomblé*, por outro, mobiliza um conjunto de justificativas, estratégias e adequações, por parte de sacerdotes e sacerdotisas, para mantê-la.

De acordo com Tata Silvio de Mutalambô (entrevistado em 2016), o termo *umbandomblé* traz um sentido negativo: "Essa palavra é pejorativa, desqualifica o culto. Prefiro dizer que aqui temos uma Angola de Caboclo". Na tentativa de reivindicar a centralidade do Caboclo no seu Terreiro, o sacerdote traz elementos para sustentar a expressão "Angola de Caboclo", como a genealogia (a raiz de santo), a ideia de ancestralidade, o culto à natureza e a importância do Caboclo na história do Candomblé.

No caso da genealogia, observou-se que, entre os angoleiros entrevistados, atribui-se grande importância à chamada "raiz de santo", na medida em que reinvindicar uma narrativa familiar constitui, como já discutido, uma forma de convocar a tradição e se legitimar dentro do campo religioso.

Essa prática foi analisada por Vagner Silva (1995, p. 114), que assim explicita:

> A importância de pertencer a uma linhagem advém, portanto, do reconhecimento público da legitimidade da iniciação e do sacerdócio. E mais ainda, no Candomblé acredita-se que só possui e pode "passar" axé (força vital) aqueles que o receberam, isto é, que foram iniciados por pessoas também iniciadas. O conhecimento da genealogia mítica de cada membro ou grupo atestaria a ininterrupção da transmissão do axé através das gerações.

Dessa forma, Tata Sílvio, cuja mãe de santo, Giza de Ogum, fundou seu Terreiro na cidade de Mongaguá (no litoral paulista), descreve a sua linhagem como pertencente à raiz do Tumba Junsara, afirmando sua ligação com os Candomblés de Nazaré das Farinhas, no Estado da Bahia.

Com isso, embora sejam recorrentes no seu discurso traços de purismo religioso, percebem-se frestas na trama do rito que se chocam prontamente com esse "modelo tradicional" tão requerido por grande parte dos angoleiros entrevistados. Isso pode ser verificado nos seguintes aspectos: nas danças que *performatizam* gestos encontrados na Nação Keto e, igualmente, na Nação Angola; na língua litúrgica, pois, não obstante o esforço em trazer o vocabulário banto, há presença significativa de palavras oriundas do universo linguístico iorubano; e nas formas de tocar os instrumentos da orquestra sagrada, que variam entre cânticos encontrados nas Nações Angola, Keto e Jeje.

Assim, as fronteiras são diluídas e sobrepostas, evidenciando movimentos de bricolagem criativos e inventivos. Isso faz parte da própria formação da identidade do grupo, marcada pelo jogo de diferenciação, disputas e seleção em torno do material simbólico.

De acordo com o relato, o Terreiro vivenciou transformações significativas ligadas à construção e à consolidação da sua identidade. É possível dizer que a capacidade de negociação leva o Terreiro analisado a mudanças constantes. Em certo momento, excluíam-se determinados elementos e introduziam-se outros novos. Essas transformações e adaptações mantinham, contudo, o seu núcleo permanente, ou seja, o Caboclo.

A estrutura religiosa desse Terreiro se divide em culto ao Candomblé e à Umbanda. Há uma separação rígida na organização das festas e dos rituais. Todos os sábados, a casa realiza as giras das entidades umbandistas. E durante o ano, conforme o calendário, cultuam-se os Nkisis. O sacerdote é muito categórico nessa divisão, considerando-a um ato "tradicionalista". No entanto, muitos elementos indicam que o Caboclo, não apenas é central nesse Terreiro, como também cria fissuras nessas demarcações e desfaz as linhas balizais.

Assim, o Caboclo Itaiguara convive, e por vezes disputa, com o culto ao Nkisi em diferentes níveis e formas. No que tange à reordenação do espaço, a imagem da entidade está alocada em dois pontos estratégicos do Terreiro: na parte externa, localiza-se na única passagem de circulação do espaço; e, na parte interna, fica no centro do barracão. A imagem externa apresenta simplicidade, destacando elementos nacionais. Além disso, o Caboclo divide o espaço com três Nkisis: Kaviungo, Katendê e Angorô. Contudo, ao se situar em um altar acima dos assentamentos desses Nkisis, revela a sua supremacia dentro do panteão.

Já no interior, no barracão, a imagem é mais altiva, impactante, e não apenas a posição central lhe confere destaque, mas toda uma teia simbólica disposta no ambiente acentua a posição do Caboclo no rito.

Figura 24: Altar de Caboclo, Terreiro Unzo Mutalambô, Dandaluna e Caboclo Itaiguara, São Paulo. Foto: Janaína de Figueiredo, 2015.

As imagens da Figura 24 retratam o altar interno do barracão. No centro da cena, está o Caboclo, tendo ao seu lado direito a imagem de Xangô, e à sua esquerda, a imagem de Mutalambô. Em muitos Terreiros de Angola, há certo cuidado em utilizar os nomes "bantos" dados aos Nkisis; assim, ao invés de Xangô, seria Zazi. Contudo, nesse Terreiro, o sacerdote usou Xangô, nomenclatura encontrada dentro do panteão da Nação Keto.

Na parte central, dividindo o espaço com o Caboclo, encontra-se a imagem de Dandaluna. Essa disposição parece se modificar por vezes, pois Mutalambô já esteve à esquerda, e Dandaluna, à direita, como também, apenas o Caboclo, sem as outras divindades ocupando o espaço.

Os dois Nkisis (Dandaluna e Mutalambô) dividem o espaço com o Caboclo Itaiguara. Essas três figuras revelam o quanto, no entendimento do sacerdote, a Nação Angola é capaz de acomodar diferentes universos sem impor uma relação exclusivista.

O barracão tenta reproduzir um misto de conceitos, algumas vezes paradoxais. Ao entrar, à primeira vista, parece tratar-se de uma aldeia indígena e/ou africana, a depender do olhar e do contexto da festa realizada. O ladrilho do chão imita barro ou terra, o altar é de pedra polida, as imagens de animais silvestres e as folhas e plantas espalhadas se remetem à floresta. A natureza, dessa forma, está fortemente presente e constitui ponto de unidade entre Caboclo e Nkisi.

Contudo, essa simplicidade aparente se reveste de certa sofisticação do rito, algo típico nos Terreiros da metrópole. O altar do Caboclo e dos Nkisis, construído com pedras envernizadas, indica os limites da rusticidade. O espaço, dividido por uma corrente e uma mureta de madeira, separa o público da roda de santo ou, ainda, o profano do sagrado. A parte em que fica o público tem cadeiras dispostas rigidamente em fileiras. Alguns filhos e filhas de santo são responsáveis pela vigilância dos visitantes. Nesse ambiente, os corpos são vigiados o tempo todo.

A festa se coloca como um grande espetáculo em que o tempo, a *performance*, a sequência do rito são altamente sincronizados. Há uma extrema racionalização do culto, evidenciando traços dos Candomblés metropolitanos. Por outro lado, a alegria e a euforia constituem regras básicas exigidas na roda de santo. As palmas, uma caracteristica provavelmente trazida da Umbanda, acompanham a orquestra religiosa, dando ritmo e movimento. Junto com o coro coletivo, elas contagiam a todos e parecem ser o ponto alto das festas nesse Terreiro.

3.8 Jamberessu: Festa de Caboclo

O culto ao Caboclo nesse Terreiro ocorre nas giras de Boiadeiro, Baianos e Marinheiros, entre outras linhas. Mas, ao percorrer a trama do sagrado, essa entidade se manifesta também por meio de diversas sutilezas simbólicas.

As festas são realizadas no mesmo espaço em que ocorrem as "da Nação", termo utilizado pelo interlocutor e que indica o Candomblé. Contudo, os dias são alternados e seguem as linhas dos distintos calendários. Tata Mutalambô adquiriu um sítio que se tornou um espaço extensivo ao seu Terreiro. Lá dedica-se a certos ritos e festas, como a do Boiadeiro e as iniciações.

Todo filho de santo, ao ser iniciado, precisa passar pelo coroamento de Caboclo, uma espécie de iniciação trazida pela passagem do sacerdote na Umbanda. É muito interessante ver que a separação entre Umbanda e Candomblé, nesse Terreiro, se dá na mesma proporção em que se dão as sobreposições. A feitura de Caboclo tem como ponto de partida os rituais privados e secretos realizados no sítio do sacerdote. Nesse espaço, há assentamento da entidade sem sacrifícios de animais. Usam-se folhas e frutas nos ritos iniciáticos, como na Umbanda.

Na saída dos Caboclos "coroados", Pai Itaiguara comandou a festa. Vestido com bata estampada, penachos na cabeça, cachimbo na boca e chocalho na mão, *performatizava* a figura de um pajé. Após dançar e proferir palavras de sabedoria, trouxe o grupo de Caboclos iniciados.

Figura 25: Foto do Caboclo Itaiguara no barracão do Terreiro Unzo Mutalambô, Dandaluna e Caboclo Itaiguara, São Paulo. Foto cedida pelo Terreiro, 2015.

Tocando Ijexá e cantando uma cantiga de Iaô, os Caboclos vieram vestidos de roupas coloridas, com um cordão verde na cintura e torço trançado na cabeça. Em seu caminho, jogavam-se pétalas de flores, e sua entrada, encantando a todos, era borrifada com fumaça de cachimbo.

No corpo dos iniciados, havia inscrições pintadas simbolizando, segundo o sacerdote, o Nkisi da pessoa. Junto ao grupo destacavam-se três neófitos vestidos, nos dizeres da mãe pequena, de Ogum. Outros dois tinham roupas azuis e vermelhas. Carregavam espada, capa e um capacete de guerra, como um soldado romano. Observa-se que gravitam em torno do Caboclo representações de Orixás e Nkisis. Muitas vezes, o significado parece ser o mesmo. É como se o Caboclo, o centro do culto, atraísse um conjunto de elementos que, embora no discurso se remetam à Nação Angola, na prática litúrgica parece haver apenas mudanças linguísticas e não rituais.

A roda, agora desfeita, cedia espaço à *performance* dos iniciados que dançavam em grupos de três. Tudo muito organizado e sincronizado. A visão se turvava diante da grande fumaça emitida pelo ato de soprar o fornilho do cachimbo, trazendo traços e referências dos cultos do Catimbó-Jurema.

Brandão e Rios (2001), ao analisarem a estrutura desse rito, destacam dois aspectos presentes no uso do cachimbo e na fumaça produzida (defumação curativa): a marca masculina do objeto e o poder que delega ao seu detentor. Assim, quanto mais espessa for a fumaça, maior será o poder do mestre.

As danças são pausadas para os discursos de Pai Itaiguara. As palavras são proferidas em metáforas que se ligam às narrativas da natureza. A estrutura do discurso revela um conjunto de representações ligadas à sabedoria, à bondade e à liberdade impressas na representação do Caboclo.

O momento importante da festa se dá nas cantigas e rezas à jurema, bebida colocada em um pote de barro no centro do barracão. Depois dos cantos, serve-se jurema aos Caboclos e aos filhos de santo. A introdução dessa bebida sagrada está associada à definição de jurema para o sacerdote: "Jurema é a união de todos os povos" (Tata Mutalambô, entrevistado em 2016).

Essa visão muitas vezes aparece como uma alegoria para o Brasil, cujo eixo gira em torno do mito das três raças. Por outro lado, pode ser entendida também como um recurso para justificar a presença do Caboclo e das entidades do Catimbó e da Umbanda em Terreiros de Angola.

A integração com o público ocorre em um dado momento. Forma-se um corredor fechado por Caboclos, de um lado, e filhos de santo, de outro. A partir daí, abre-se para o público passar pelo "corredor divino" e receber a bênção dos Caboclos.

Há na organização da festa uma hierarquia em que Pai Itaiguara é o centro da cerimônia. Em seguida encontram-se os Caboclos dos iniciados e dos mais velhos. Por último, vêm aqueles que estão no percurso para "soltar" o Caboclo. Se nos primeiros grupos existe uma *performance* coreografada e disciplinada, no último, as danças são livres e frenéticas.

Os nomes de cada Caboclo iniciado são revelados: Iracema, Inaiá, Guaciara, Cobra-Coral, Sete Encruzilhadas e Jussiara. Esses revelam o elemento ameríndio fortemente presente na representação do Caboclo nesse Terreiro.

Depois de todos *performatizarem* e compartilharem momentos com essa entidade, canta-se para o Caboclo retornar à sua terra. Então, em sintonia com a cantiga, gira-se duas ou mais vezes, e a entidade se despede do seu cavalo. O rito é finalizado com a despedida dos Caboclos e com cantigas à Umbanda. Todos, virados para o altar, cantam de forma concentrada.

Nessa festa, o Angola parece não estar presente.

3.9 Caboclo: "o dono das folhas"

A narrativa de Tata Mutalambô sobre sua iniciação no Candomblé começa com o seu encontro com o Caboclo na Umbanda aos 16 anos. Segundo o sacerdote, essa entidade o levou da Umbanda ao Angola, o que demonstra aí uma característica do Caboclo, a saber, o negociador da tradição e das fronteiras religiosas. Nas palavras do sacerdote: "O caboclo tem o poder de se manifestar dentro de uma mesa branca, dentro de uma Umbanda, dentro de uma Casa de Angola, Keto" (Tata Mutalambô, entrevistado em 2016). É como se essa entidade fosse livre e estivesse acima das diferenças religiosas. Ao mesmo tempo, essa circularidade se mostra como um ponto de unidade entre certos ritos.

Nessa linha, observou-se que o Caboclo apresenta, nesse Terreiro, diversas tonalidades interpretativas. Ao se aproximar da representação do índio, exprime o estado puro da natureza e o poder do conhecimento. A natureza é representada pelas folhas, e essas consituem, para o grupo, a fonte de sabedoria. Assim, nos dizeres do interlocutor:

> Os índios, Caboclos, são donos das folhas. E eles estão na Umbanda e no Angola. O Keto precisava da nossa folha, e quem deu foi nós. O Caboclo que deu. (Tata Mutalambô, entrevistado em 2016).

É interessante notar, nessa representação do Caboclo como "dono das folhas", a sua relação com o saber, ou ainda, aquele que conhece a natureza, o território brasileiro. Esse elemento representaria, nessa abordagem, a ponte que aproxima a Umbanda do Angola e os diferencia, por exemplo, do Keto.

Em outra passagem, a folha também está associada ao passado e, portanto, à memória coletiva transmitida pelo Caboclo. Nesse contexto, o Caboclo cultua a ancestralidade do ponto de vista da memória, que, no entender do interlocutor, é viva. Nas suas palavras:

> Se tem história, é porque se viveu, e se a história continua, é porque nunca morreu. Então vai se passando de um pro outro, e do outro pro outro, e isso vai se arrastando. Caboclo está vivo e encanta a todos com a história. (Tata Mutalambô, entrevistado em 2016).

A vitalidade atribuída à história, ou seja, ao Caboclo, insere essa entidade na posição de narrador e ao mesmo tempo guardião do tempo:

> Quando os portugueses chegaram até o Brasil, quem é que estava? Os índios. Índio já traz em sua própria origem o direito à liberdade. O direito à liberdade e à certeza de que nunca se morre. Se vive, por muitos e muitos tempos. Tempos que nunca vão acabar. Por pessoas que acham que podem mudar a história. História de um índio não se muda, de Caboclo não se muda, se respeita e obedece. (Tata Mutalambô, entrevistado em 2016).

Em contrapartida, o Caboclo, não obstante sua posição central e importância nesse Terreiro, se insere em uma estrutura de poder:

> Caboclo sabe do seu lugar, da escala e da dimensão de poderes, da graduação que existe. Caboclo está abaixo. O intuito de Caboclo não foi nunca ser Orixá. O intuito de Caboclo foi ser guardião da natureza. Guardar a natureza para os Nkisis.

Mas Oxóssi é caçador da mata fechada. (Tata Mutalambô, entrevistado em 2016).

Nesse relato, a "escala de poder" delimita a separação entre Nkisi e Caboclo. Esse último aparece como o guardião, aquele que permanece na fronteira, "não entra" na natureza comandada pelos Nkisis. Contudo, em diversas passagens, o interlocutor parece não diferenciar Caboclo de Oxóssi, como ele mesmo diz. Assim, a frase "mas Oxóssi é caçador da mata fechada" revela a diluição das fronteiras.

A partir daí, o Caboclo está também dentro do culto ao Nkisi, da natureza. Segundo Tata Mutalambô (entrevistado em 2016):

> Eu acho que no conhecimento de cada Caboclo, cada Cabocla, tem um canto solto pro universo, que é a natureza. Eu respeito muito a força da natureza e que leva à reza para os Nkisis.

É interessante notar o quanto essas fronteiras não são absolutas, se fazem e se desfazem a depender do contexto discursivo.

Nesse sentido, a folha significa conhecimento que transita entre Umbanda e Angola. A memória é ancestralidade e divisor entre Nkisi e Caboclo (Umbanda e Angola), como afirma o sacerdote: "Ancestralidade se cultua com o Caboclo, separado do Nkisi". Contudo, essas categorias discursivas não são estáticas, pois, em outros momentos, conhecimento (as folhas, a natureza) e ancestralidade (a memória) se cruzam na perspectiva do culto à natureza e à vida:

> Caboclo pra mim traz uma pureza tão grande e uma força elevada da natureza, que nós temos que abaixar a cabeça e

respeitar. Por quê? Porque o Caboclo é conhecedor da folha, o Caboclo é conhecedor do elemento da água, do fogo e da terra. Ele faz uma junção tão grande na ancestralidade, que quem fechar os olhos numa reza de Caboclo consegue ver o seu corpo entrando em contato total com a natureza. Hoje muitas Casas têm Caboclo, por quê? Porque Caboclo é a transformação da Casa, a energia viva. (Tata Mutalambô, entrevistado em 2016).

Assim, podem-se elencar as seguintes definições que aparecem para o Caboclo nesse relato: conhecedor da natureza, representa a ancestralidade, une ancestralidade e natureza, transmite a história, guarda a natureza regida pelos Nkisis, leva a reza (conhecimento) da natureza para o Nkisi. É o caminho que leva à natureza e, por vezes, é a própria natureza.

É interessante destacar que, nessa cosmogonia, não há uma polaridade entre vida e morte, já que essa última não encontra lugar na estrutura desse Terreiro. Os Vumbes ou Eguns não são bem-vindos, assim como a ideia da morte. O próprio conceito de ancestralidade não se remete à morte, mas à vida. Segundo Tata Mutalambô (entrevistado em 2016):

> Caboclo é uma ancestralidade muito viva. Eu quero dizer que ele não é morto. Caboclo é encantado. Tudo começou pelos Caboclos.

O termo "encantado" utilizado pelo interlocutor se articula, em parte, com a definição sugerida por Maués e Villacorta (2001, p. 22), ao se reportarem ao contexto ritual da Pajelança e da Encantaria amazônica. Os autores pontuam que os encantados não são considerados espíritos de mortos:

[...] se trata de entidades que não são pensadas como espíritos, mas como seres humanos de carne e osso, com poderes excepcionais, pois são "invisíveis", podem manifestar-se sob forma humana ou animal e ainda se incorporam em pessoas comuns – apesar de manterem, durante a incorporação, sua condição de seres humanos.

Na interpretação de Tata Mutalambô, o Caboclo não seria um espírito morto, mas uma entidade viva que toma o seu corpo e se manifesta. Nesse âmbito, Maués e Villacorta (2001, p. 25), ao discorrerem sobre a incorporação de espíritos na Pajelança cabocla, afirmam a seguinte característica: "Não é o xamã que cura, mas sim as entidades que agem tendo seu corpo como instrumento".

Dessa forma, notam-se nesse Terreiro rearranjos com diversas modalidades de culto e visões religiosas. O Caboclo surge na Umbanda, percorre o culto da Jurema, flerta com a Pajelança cabocla e ressurge ressignificando o Angola.

CONSIDERAÇÕES FINAIS

Ao longo deste livro, verificou-se que a apropriação do Caboclo se configurou como fator de diferenciação e demarcação de fronteiras entre as Nações de Candomblé, bem como no interior do Angola. Observou-se, também, que essa entidade assumiu diferentes versões ao longo da história, movendo-se ao sabor do discurso de pureza e das relações de poder entre as Nações de Candomblé.

Os relatos compuseram um trajeto que ia das origens às distintas fases do Angola. Nesse percurso, troncos, raízes e famílias deram o tom à narrativa e, igualmente, às cisões e coesões, o ritmo a esse enredo. A incorporação do Caboclo, ao atribuir substância às lembranças, ressignifica a todo tempo a identidade do grupo. O Caboclo se tornou, neste livro, o fio narrativo da memória do Angola e a metáfora do culto à ancestralidade.

Entretanto, essa entidade também se caracteriza por duplicidade e oposições. Isso porque se move entre o sagrado e o profano, em um jogo de contrastes que envolvem diferentes elementos e significados. Circula no interior da estrutura e, ao mesmo tempo, fora dela, entre as Nações de Candomblé e na Umbanda. Esse trânsito parece profaná-lo, na medida em que negocia e reinventa a tradição.

Do mesmo modo, o Caboclo constitui uma forma de diálogo entre as diversas tradições religiosas, assim como no interior do próprio Angola. Com essa entidade, essa Nação se legitimou no campo religioso entre 1960 e 1970, adquirindo certa unidade. Isso estava associado a uma conjuntura específica, como já discutimos, a qual concedeu ao Caboclo visibilidade nacional.

O Caboclo muitas vezes foi considerado uma fronteira que separa o culto aos Nkisis (a vida) da morte, o Angola do Keto, a Umbanda do Candomblé, a África do Brasil e, por fim, os troncos e raízes do Angola. Em alguns Terreiros analisados, isso era fortemente marcado. O Caboclo poderia ser tão central na estrutura, que os limites se diluíam. De outra forma, estava descentralizado no rito, reforçando a linha divisória. Nesse caso, a sua marginalidade traduzia a condição itinerante do Caboclo na estrutura. Seu movimento se torna, aí, mais volátil. Porém, a sua função é clara: rememorar o passado e materializar (eternizar) a memória.

Ao lado do Nkisi Kitembo, o Caboclo representa a memória ancestral e a própria morte. Traz a narrativa de um Brasil mestiço. Ao mesmo tempo, essa entidade é viva, pulsante, revelando a participação e o protagonismo dos negros na história brasileira. Subverte o "enquadramento da memória" e traz à tona "memórias clandestinas" de boiadeiros, sertanejos, índios e marinheiros, entre outros (POLLAK, 1992). Muitos interlocutores afirmaram ser o Caboclo um ser vagueante que esconde o "fundamento", mas também o revela, tal qual o movimento da memória.

O culto a essa entidade também está ligado ao da morte. Porém, cultua-se a morte em virtude de uma teia de ritos e visões dedicados a reverenciar a vida. De modo que a primeira se submete à segunda.

Um dado importante encontrado refere-se às diversas interpretações encontradas entre os angoleiros. Isso, em muitos momentos, dificultou a compreensão dos princípios gerais que norteiam o Candomblé Angola. Esse fenômeno é ainda mais notável em Terreiros de São Paulo, em que o processo de "repensar" a sua identidade passa por grandes disputas em torno da interpretação, histórica e/ou cosmológica, sobre essa Nação. Do mesmo modo, a seleção das suas marcas identificatórias traz dissensos e rivalidades entre angoleiros. Entidades como Bombogira, Pambu N'Zila, Caboclo e Nkisis ganham várias versões, a depender do contexto discursivo.

Verifiquei alguns posicionamentos, com relação ao Caboclo, configurando núcleos de novos discursos religiosos. Para alguns, o Caboclo deveria ser excluído do rito, já que sua função (culto ao ancestral e ao Brasil) deixou de ter sentido no novo contexto religioso. Para outros, o Caboclo deve ser mantido e reafricanizado, porém com fronteiras fortemente marcadas entre os Nkisis e a entidade. E, por fim, há aqueles que se posicionam na manutenção do Caboclo, reforçando a característica considerada marcante no Angola, qual seja, a sua plasticidade. O Caboclo se reafricaniza, mas preserva-se nele a imagem de flexibilidade em dialogar com outras referências religiosas.

Essa variação levaria a pensar em Nações de Angola? Talvez o grupo, para não enfrentar essa pergunta – ou a sua divisão interna –, tenha optado por nomear como Candomblé Banto. Esse termo faria alusão a tal diversidade e cisões (chamadas pelo grupo de raízes de santo) e, ao mesmo tempo, aponta para o esgotamento do termo Angola nesse momento.

Contudo, se as divisões fizeram (ou fazem) parte do processo de construção da identidade da Nação Angola, a unidade tenta se apoiar na figura do Caboclo. Este livro teve por objetivo analisar essa entidade como uma das chaves para explicar e diferenciar essa Nação. A tese deste texto consistiu em defender o papel nuclear do Caboclo na estrutura religiosa do Angola e sua contribuição na formação da identidade dessa Nação.

O Caboclo neste livro se afigurou como recurso para compreender outros processos, quais sejam: as diferentes formas em que a Nação Angola reinterpretou o africanismo banto, a relação entre ancestralidade e o panteão do Angola, a própria história dessa Nação e, por fim, a relação e o jogo de poder entre as Nações Keto e Angola.

Assim, a partir das observações etnográficas, pode-se dizer que o Caboclo se mostra sob muitas facetas, às vezes difíceis de flagrar. Talvez porque seja uma metáfora que abarca um conjunto de visões. Apresenta-se sempre em duplo sentido, em pares de oposição. Conta uma história encapsulada pela ideologia das três raças, mas também se mostra como memória "subterrânea" que quebra o silêncio, dando voz aos grupos excluídos da história. Tornou-se uma narrativa de algo novo, criado no Brasil, e, igualmente, revela-se como tentativa de perpetuar uma África ancestral e mítica.

Essa entidade, ao reverenciar a memória ancestral, percorreu e reinventou a história dos africanos, de seus descendentes e dos índios, os "donos da terra". Ao ressignificar as antigas estruturas africanas assentadas na ligação entre terra e ancestral, essa entidade se tornou o Odisseu da trama narrativa do "ser brasileiro" e/ou "africano". Ora dialogou com o discurso da mestiçagem, se afigurando como emblema de uma identidade nacional forjada em certos contextos políticos e ideológicos, ora se caracterizou como um dos pilares no culto à ancestralidade dentro da Nação Angola.

O Caboclo está na margem e no centro. No mundo dos vivos e dos mortos. Mostra-se como um ancestral do grupo e do indivíduo. É subversão e cooptação. Ele é o "Dono das Folhas" e, por isso, reivindica um lugar de poder e prestígio no Candomblé. Está dentro e fora do sistema; solto, liberto na estrutura, contudo, se enrosca no poder dos Nkisis. Esse é o Caboclo do Angola, que circula e se reinventa.

A cantiga a seguir se torna aqui emblemática para esse Caboclo que saúda o "dono da casa", a origem mítica; reverencia toda família e os seus descendentes. Ele veio da poeira, correndo, esbravejando para "salvar" os ancestrais e a memória do Angola.

Eu vim da poeira aea,
eu vim da poeira aea,
eu vim salvar o dono da casa, aea
e a sua família inteira, aea.

ANEXO A
TERREIROS PESQUISADOS

Abassá Iansã e Oxóssi
Tempo: de 2014 a 2016.
Endereço: Rua Professor Dário Ribeiro, 1.113, Brasilândia.
Cidade: São Paulo, SP.
Rito: Angola, Raiz Manaunde.
Entrevistas: Mameto Tauá Nilê (Jurema); Mãe Oyá Messi; Mãe Oyá Ice – primeiras filhas de Manaunde.
Ritos analisados: Sete Festas de Caboclo, Saída de Muzenza, Festa de Vunje.

Terreiro Santa Bárbara
Tempo: 2016.
Endereço: Rua Manodê, 90, Brasilândia.
Cidade: São Paulo, SP.
Rito: Angola, Raiz Manaunde – Manadeuim, a velha Nanã.
Entrevistas: Tata Donato (Cambando – Axogum); Mãe Pulquéria (sacerdotisa da casa).
Rito analisado: Abertura da Casa.

Ilê Un
Tempo: de 2004 a 2016.
Endereço: Travessa Dois, da Avenida do Perequemiri, 223, Perequemirim.
Cidade: Caraguatatuba, SP.
Rito: Angola, Raiz Manadeuim e Manaunde.
Entrevistas: Kongo (filho de santo, com a cuia); Tata Kajalacy (Tata do Terreiro); N'jila Mapembe (filho de santo com cinco anos de iniciação); Mazalandê (Mameto de Nkisi, em memória); Maria Helena (filha não iniciada, em memória); Otakizô (Cambando); Dandá (Mameto); Danda (Tateto).

Ritos analisados: Abertura da Casa, Sirrum, Apresentação de Bebê (espécie de batismo), Saída de Muzenza, dez festas de Caboclo, Kukuana/Cacuana.

Diassu
Tempo: de 2011 a 2015.
Endereço: Avenida Hugo Maia, 158, Rádio Clube.
Cidade: Santos, SP.
Rito: Angola até 1963, Raiz Gomeia; Ketu de 1963 a atualidade.
Entrevista: Mametu/Ialorixá Diassu – Dona Nilza dos Santos. Uma das primeiras filhas de Mãe Tolokê. Nasceu no Angola, mas depois foi para o Keto.
Rito analisado: Nenhum.
Observação: O terreiro foi desativado devido à idade da Ialorixá e à inexistência de sucessor(a).

Nzo Toy Kaviungo
Tempo: de 2011 a 2015.
Endereço: Rua Plínio Barreto, 182, Vila Jockei Clube.
Cidade: São Vicente, SP.
Rito: Angola, Raiz Muxicongo – Paulo de Mutauá.
Entrevista: Kimbungo (Cambando), Mameto de Nkisi Luvuquelê.
Rito analisado: Festa de Caboclo.

Tenda Espírita São Jerônimo (de 1956 a até 1975)
Tempo: de 2011 a 2015.
Endereço: Rua Professora Iolanda Fontes, 300, Vila Margarida.
Cidade: São Vicente, SP.

Rito: Angola, Raiz Gomeia.
Entrevistas: Dona Sônia Ribeiro (filha de sangue de Pai Samuel Ribeiro e herdeira da casa); Ogã Nilton.
Rito analisado: Nenhum.
Observação: O Terreiro estava fechado no período do estudo. Havia previsão de mudança do nome (Xangô Aganju e Agodô – Ilê Axé Obá lonei Xangô).

Unzo Mutalambô, Dandaluna e Caboclo Itaiguara
Tempo: de 2015 a 2016.
Endereço: Rua Atucupê, 246, Jardim Leônidas Moreira, Campo Limpo.
Cidade: São Paulo, SP.
Rito: Angola, Raiz Tumba Junsara.
Entrevistas: Pai Silvio; Mãe Janaína; Mãe Pequena Carla.
Ritos analisados: Saída de Caboclo; Saída de Muzenza; Gira de Boiadeiro.

Inzo Tumbansi – Katuvanjeci
Tempo: de 2015 a 2016.
Endereço: Rodovia Armando Sales, 5.205, Recreio Campestre.
Cidade: Itapecerica da Serra (Grande São Paulo), SP.
Rito: Angola, Raiz Tobenci.
Entrevista: Tata Katuvanjeci.
Rito analisado: Nenhum.

Asé Ilê Do Hozoouane
Tempo: de 2015 a 2016.
Endereço: Rua Conde de Fontalva, 100, Jardim Santa Fé, Parelheiros.

Cidade: São Paulo, SP.
Rito: Angola/Jeje
Entrevista: Tata Katulemburanje.
Rito analisado: Nenhum.

Terreiro da Matambalessi
Tempo: 2016.
Endereço: Rua Macaxás, 64, Alto do Ipiranga.
Cidade: São Paulo, SP.
Rito: Angola, Raiz Tumba Junsara
Entrevistas: Tata Ajaunle, Mameto Matambalessi.
Ritos analisados: Obrigação/saída e festa de Kaviungo.
Observação: A casa não havia sido ainda nomeada.

ANEXO B
ENCONTROS DE ANGOLEIROS E EVENTOS PÚBLICOS VISITADOS

- PRIMEIRO ENCONTRO Internacional Candomblé de Angola, 9 de janeiro de 2016, Taubaté, SP.
- CONVERSA DE TERREIRO: "Redes sociais e tradições africanas: contribuição ou destruição", 2 de abril de 2016, Terreiro Inzo Tubansi, Itapecerica da Serra, SP.
- CONVERSA DE TERREIRO: "Tempo e ancestralidade: os desafios da dinâmica de uma nova época", 18 de setembro de 2016, Terreiro Santa Bárbara, São Paulo, SP.
- FALANDO DO AXÉ: programa no YouTube, coordenado por Ogã Jaçanã e Tata Euandilu, Muiji: conversa com Tata Kajiongongo, do Terreiro Matamba Tombenci Neto (Ilhéus, BA), 10 de outubro de 2016, disponível em <https://www.youtube.com/watch?v=qyslCx3gpG4>. Acesso em: 25 ago. 2021.

Terreiros e sacerdotes que contribuíram com entrevistas nesses eventos

- TATA EFAMIM IA LEMBA, Terreiro Inzo Mundele Ia Lemba (Rua Roberto Cabral, 398, Guaratiba, Rio de Janeiro, RJ), entrevistado em 2016.
- TATA EUANDILU, Terreiro Kupapansaba (Rua Edgar Barbosa 23, Anchieta, Rio de Janeiro, RJ), entrevistado em 2016.

REFERÊNCIAS

ADOLFO, Sérgio Paulo. As famílias de santo no candomblé de Congo-Angola. *Ombala Tumbansi*, [on-line], 16 mar. 2010. Disponível em: <http://inzotumbansi.org/home/as-familias-de-santo-no-candomble-de-congo-angola/>. Acesso em: 4 jun. 2021.

ADOLFO, Sérgio Paulo. Candomblé bantu na pós-modernidade. In: ANPUH. Encontro do GT de História das Religiões e Religiosidades, 1, Universidade Estadual de Maringá, 2007. *Anais*...: Pós-modernidade e religião... Disponível em: <http://www.dhi.uem.br/gtreligiao/pdf/st4/Adolfo,%20Sergio%20Paulo.pdf>. Acesso em: 4 jun. 2021.

ADOLFO, Sérgio Paulo. O mito africano no cotidiano dos afro-brasileiros. In: SANTOS, Volnei Edson dos (org.). *Sopros do silêncio*. Londrina: Eduel, 2008. p. 207-222.

ALCANTARA, Renato de. *A tradição da narrativa no jongo*. Dissertação (Mestrado em Ciência da Literatura), Universidade Federal do Rio de Janeiro, Rio de Janeiro, 2008.

ALTUNA, Raul Ruiz de Asúa. *Cultura tradicional bantu*. Luanda: Secretariado Arquidiocesano de Pastoral, 1985.

ALVES, Aristides (coord.). *A casa dos olhos do tempo que fala da nação Angolão Paquetan*. Salvador: Ministério da Cultura/Fundação Palmares, 2010.

AMADO, Jorge. *Jubiabá*. São Paulo: Companhia das Letras, 2008.

AMARAL, Rita de Cássia; SILVA, Vagner G. da. A cor do axé: brancos e negros no candomblé de São Paulo. *Estudos Afro-asiáticos*, Rio de Janeiro, n. 25, p. 99-124, dez. 1993.

AMIM, Valéria. *Águas de Angola em Ilhéus*: um estudo sobre construções identitárias no candomblé do sul da Bahia. Tese (Doutorado em Cultura e Sociedade), Faculdade de Comunicação, Universidade Federal da Bahia, Salvador, 2009.

ANDERSON, Benedict. *Imagined Communities*: Reflections on the Origin and Spread of Nationalism. London: Verso, 1991.

ARAÚJO, Anderson L. A. de; DUPRET, Leila. Entre atabaques, sambas e orixás. *Revista Brasileira de Estudos da Canção*, Natal, n. 1, jan./jun. 2012. Disponível em: <http://www.rbec.ect.ufrn.br/RBEC%2C_n.1%2C_jan-jun_2012>. Acesso em: 6 jun. 2021.

ARAÚJO, Anderson L. A. de; DUPRET, Leila. *Memória do samba e negras religiões*: musicalidade e identidade. Disponível em: <https://issuu.com/marcelooreilly/docs/0533-andersonleonalmeidadearaujo-le>. Acesso em: 6 jun. 2021.

ARAÚJO, Patrício Carneiro. *Entre o terreiro e a escola*: a Lei 10.639/2003 e intolerância religiosa sob o olhar antropológico. Tese (Doutorado em Antropologia), Departamento de Antropologia, Pontifícia Universidade Católica de São Paulo, São Paulo, 2015.

ARAÚJO, Patrício Carneiro. *O segredo no candomblé*: relações de poder e crise de autoridade. Dissertação (Mestrado em Antropologia), Programa de Pós-graduação em Ciências Sociais, Pontifícia Universidade Católica de São Paulo, São Paulo, 2011.

ASSIS JÚNIOR, A. de. *Dicionário kimbundu – português*: linguístico, botânico, histórico e geográfico. Luanda: Argente, Santos & C., 1967.

ASSUNÇÃO, Luiz. Os mestres da jurema: culto de jurema em terreiros de umbanda no interior do nordeste. In: PRANDI, Reginaldo (org.). *Encantaria brasileira*: o livro dos mestres, caboclos e encantados. Rio de Janeiro: Pallas, 2004. p. 182-215.

AUGRAS. Monique. *O duplo e a metamorfose*: a identidade mítica em comunidades nagô. Petrópolis: Vozes, 2008.

BAKHTIN, Mikhail. *A cultura popular na Idade Média e no Renascimento*: o contexto de François Rabelais. Tradução: Yara Frateschi Vieira. São Paulo: Hucitec; Brasília: Universidade de Brasília, 2008.

BARROS, Elizabete Umbelino. *Línguas e linguagens no candomblé de nação angola*. Tese (Doutorado em Letras), Programa de Pós-graduação em Linguística e Semiótica, FFLCH, Universidade de São Paulo, São Paulo, 2007.

BARROS, Mariana L. de. *Labareda, teu nome é mulher?* Análise etnopsicológica do feminino à luz de pombagiras. Tese (Doutorado), Departamento de Psicologia e Educação, Faculdade de Filosofia e Letras, Universidade de São Paulo, Ribeirão Preto, 2010.

BARTH, Fredrik. Grupos étnicos e suas fronteiras. In: POUTIGNAT, Philippe; STREIFF-FENART, Jocelyne. *Teorias da etnicidade*. Tradução: Élcio Fernandes. 2. ed. São Paulo: Unesp, 2011. p. 185-227.

BASTIDE, Roger. A macumba paulista. In: BASTIDE, Roger. *Estudos afro-brasileiros*. São Paulo: Perspectiva, 1973a. p. 325-334.

BASTIDE, Roger. *As religiões africanas no Brasil*: contribuição a uma sociologia das interpenetrações de civilizações. Tradução: Maria Eloísa Capellato e Olívia Krahenbuhl. São Paulo: Pioneira/Edusp, 1971a. (2 volumes)

BASTIDE, Roger. Catimbó. In: PRANDI, Reginaldo (org.). *Encantaria brasileira*: o livro dos mestres, caboclos e encantados. Rio de Janeiro: Pallas, 2001a. p. 146-159.

BASTIDE, Roger. Cavalo dos santos. In: BASTIDE, Roger. *Estudos afro-brasileiros*. São Paulo: Perspectiva, 1973b. p. 193-329.

BASTIDE, Roger. Nascimento de uma religião. In: BASTIDE, Roger. *As religiões africanas no Brasil*: contribuição a uma sociologia das interpenetrações de civilizações.

Segundo volume. Tradução: Maria Eloísa Capellato e Olívia Krahenbuhl. São Paulo: Pioneira/Edusp, 1971b. p. 419-471.

BASTIDE, Roger. *O candomblé da Bahia*: rito nagô. Tradução: Maria Isaura Pereira de Queiroz. São Paulo: Companhia das Letras, 2001b.

BECKER, Howard. Biographie et mosaique scientifique. *Actes de la Recherche en Science Sociales*, Paris, n. 62-63, p. 105-110, juin 1986.

BERGSON, Henri. *Matéria e memória*: ensaio sobre a relação do corpo com o espírito. Tradução: Paulo Neves. 4. ed. São Paulo: Martins Fontes, 2010.

BERNARDO, Teresinha. *Negras, mulheres e mães*: lembranças de Olga de Alaketu. São Paulo: Educ; Rio de Janeiro: Pallas, 2003.

BOAS, Franz. As limitações do método comparativo da antropologia. In: BOAS, Franz. *Antropologia cultural*. Organização e tradução: Celso Castro. 5. ed. Rio de Janeiro: Jorge Zahar, 2009.

BOAS, Franz. Os objetivos da pesquisa antropológica. In: BOAS, Franz. *Antropologia cultural*. Organização e tradução: Celso Castro. 5. ed. Rio de Janeiro: Jorge Zahar, 2009.

BOAS, Franz. Raça e progresso. In: BOAS, Franz. *Antropologia cultural*. Organização e tradução: 5. ed. Rio de Janeiro: Jorge Zahar, 2009.

BORGES, Makely Ribeiro. *Gira de escravo*: a música dos exus e pombagiras no Centro Umbandista Rei de Bizara. Dissertação (Mestrado em Música), Programa de Pós-graduação em Música, Universidade Federal da Bahia, Salvador, 2006.

BOSI, Ecléa. *Memória e sociedade*: lembranças de velhos. 3. ed. São Paulo: Companhia das Letras, 1994.

BOSI, Ecléa. *O tempo vivo da memória*: ensaios de psicologia social. 2. ed. São Paulo: Ateliê, 2004.

BOTÃO, Renato U. dos Santos. *Para além da nagocracia*: a (re)africanização do candomblé nação angola-congo em São Paulo. Dissertação (Mestrado em Ciências Sociais), Departamento de Ciências Sociais, Faculdade de Filosofia e Ciências, Universidade Estadual Paulista, Marília, 2007.

BOTÃO, Renato U. dos Santos. Volta à África: (re)africanização e identidade religiosa no candomblé paulista de origem bantu. *Aurora*, Marília, v. 2, n. 3, p. 1-11, dez. 2008.

BRAGA, Júlio. *Ancestralidade afro-brasileira*: o culto de babá egum. Salvador: Edufba, Ianamá, 1995.

BRAGA, Júlio. *Fuxico de candomblé*: estudos afro-brasileiros. Feira de Santana: Uefs, 1988.

BRAGA, Júlio. Gente de Ponta da Areia, ancestralidade na dinâmica social de uma comunidade afro-brasileira. *Gente*, Salvador, v. 1, n. 1, p. 19-37, 1984.

BRANDÃO, Maria do Carmo; RIOS, Luis Felipe. O catimbó-jurema do Recife. In: PRANDI, Reginaldo (org.). *Encantaria brasileira*: o livro dos mestres, caboclos e encantados. Rio de Janeiro: Pallas, 2001. p. 160-181.

BROWN, Diana. Uma história da umbanda no Rio. Tradução: Sérgio Lamarão. In: ISER (org.). *Umbanda e política*. Rio de Janeiro: Iser/Marco Zero, 1985. p. 9-42.

BUGANZA, Mulinda Habi. Le Nkisi dans la tradition woyo du Bas-Zaire. *Systèmes de pensée en Afrique noire*, Ivry-sur-Seine, v. 8, p. 201-220, 1987.

CACCIATORE, Olga G. *Dicionário de cultos afro-brasileiros*. Rio de Janeiro: Forense Universitária/Seec, 1977.

CAILLOIS, Roger. *Os jogos e os homens*: a máscara e a vertigem. Tradução: José Garcez Palha. Lisboa: Cotovia, 2000.

CAMARGO, Cândido P. F. de. *Kardecismo e umbanda*: uma interpretação sociológica. São Paulo: Pioneira, 1961.

CAPONE, Stefania. *A busca da África no candomblé*: tradição e poder no Brasil. Tradução: Procópio Abreu. Rio de Janeiro: Pallas, 2004.

CARLOS, Ana Fani Alessandri. *O lugar no/do mundo*. São Paulo: FFLCH-USP, 2007. Disponível em: <http://gesp.fflch.usp.br/sites/gesp.fflch.usp.br/files/O_lugar_no_do_mundo.pdf>. Acesso em: 6 jun. 2021.

CARNEIRO, Edison. A rainha do mar. In: CARNEIRO, Edison. *Religiões negras*: notas de etnografia religiosa. Rio de Janeiro: Civilização Brasileira, 1936. p. 53-60.

CARNEIRO, Edison. *Candomblés da Bahia*. 9. ed. São Paulo: Martins Fontes, 2008.

CARNEIRO, Edison. *Ladinos e crioulos*: estudos sobre o negro no Brasil. Rio de Janeiro: Civilização Brasileira, 1964.

CARNEIRO, Edison. *Negros bantus*: notas de etnographia religiosa e de folk-lore. Rio de Janeiro: Civilização Brasileira, 1937.

CASCUDO, Luís da Câmara. *Dicionário do folclore brasileiro*. 12. ed. São Paulo: Global, 2012.

CASTELLS, Manuel. *O poder da identidade*. Tradução: Klauss Brandini Gerhardt. São Paulo: Paz e Terra, 1999.

CENTENÁRIOS negros: Joãozinho da Gomeia. Disponível em: <http://www.palmares.gov.br/?p=31927>. Acesso em: 23 jun. 0221.

CONCEIÇÃO, Joanice. *Duas metades, uma existência*: produção de masculinidades e feminilidades na Irmandade da Boa Morte e no culto de Babá Egum. Tese (Doutorado em Antropologia), Departamento de Antropologia, Pontifícia Universidade Católica de São Paulo, São Paulo, 2011.

CONCEIÇÃO, Joanice. *Irmandade da Boa Morte e culto de Babá Egum*: masculinidades feminilidades e performances negras. Jundiaí: Paco, 2017.

CONCONE, Maria Helena V. B. Caboclos e pretos-velhos da umbanda. In: PRANDI, Reginaldo (org.). *Encantaria brasileira*: o livro dos mestres, caboclos e encantados. Rio de Janeiro: Pallas, 2001. p. 281-303.

CONCONE, Maria Helena V. B. *Umbanda:* uma religião brasileira. São Paulo: CER-FFLCH-USP, 1987.

CONNERTON, Paul. *Como as sociedades recordam*. Tradução: Maria Manuela Rocha. Santo Amaro de Oeiras: Celta, 1993.

CONSORTE, J. G. Em torno de um manifesto de ialorixás baianas contra o sincretismo. In: CAROSO, Carlos; BACELAR, Jeferson (org.). *Faces da tradição afro-brasileira*. Rio de Janeiro: Pallas; Salvador: Ceao, 1999. p. 71-91.

COSSARD, Gisèle Omindarewa. *Awô*: o mistério dos orixás. Rio de Janeiro: Pallas, 2014.

COSSARD-BINON, Gisèle. *Contribution a l'étude des candomblés au Brésil*: le candomblé angola. Thèse, Doctorat de Troisième Cycle, Faculté des Lettres et Sciences Humaines. Paris, 1970.

COSTA, Hildete Santos Pita. *Terreiro Tumbenci:* um patrimônio afrobrasileiro em museu digital. Tese (Doutorado em Difusão do Conhecimento), Faculdade de Educação, Universidade Federal da Bahia, Salvador, 2018.

COSTA, Valdeli C. da. Cabula e macumba. *Síntese Revista de Filosofia*, Belo Horizonte, v. 14, n. 41, p. 65-85, 1987.

COUTO, Mia. [Citação]. In: SECCO, Carmen Lucia Tindó Ribeiro. *Travessias e margens da existência*: representações da morte em textos literários de Angola e Moçambique. Navegações, v. 5, n. 1, p. 68-72, jan./jun. 2012.

CRAEMER, Willy de; VANSINA, Jan; FOX, Renée C. Religious movements in Central Africa: a theoretical study. *Comparative Studies in Society and History*, Cambridge, v. 18, n. 4, p. 458-475, oct. 1976.

CRUZ, Robson R. *Branco não tem santo*: representações de raça, cor e etnicidade no candomblé. Tese (Doutorado em Antropologia), Programa de Pós-graduação em Sociologia e Antropologia, Universidade Federal do Rio de Janeiro, Rio de Janeiro, 2008.

DAMATTA, Roberto A. *A casa e a rua*. 5. ed. Rio de Janeiro: Rocco, 1997.

DAMATTA, Roberto A. O ofício de etnólogo ou como ter "anthropological blues". In: NUNES, Edson Oliveira (org.). *Aventura sociológica*: objetividade, paixão, improviso e método na pesquisa social. Rio de Janeiro: Zahar, 1978.

DANTAS, Beatriz Góis. Nanã de Aracaju: trajetória de uma mãe plural. In: SILVA, Vagner Gonçalves da (org.). *Caminhos da alma*: memória afro-brasileira. 2. ed. São Paulo: Selo Negro, 2002. p. 89-131.

DANTAS, Beatriz Góis. Repensando a pureza nagô. *Religião e Sociedade*, Rio de Janeiro, n. 8, p. 15-20, 1982.

DANTAS, Beatriz Góis. *Vovô nagô e papai branco*: usos e abusos da África no Brasil. Rio de Janeiro: Graal, 1988.

DEPOIS da célebre Mãe Stella... Disponível em: <https://inzotumbansi.org/2019/08/16/depois-da-celebre-mae-stella-tata-katuvanjesi-sera-o-primeiro-taata-nkisi-a-ocupar-uma-cadeira-na-academia-de-letras/>. Acesso em: 23 jun. 2021.

DIAS, Maria Odila L. da S. *Quotidiano e poder em São Paulo no século XIX*. São Paulo: Brasiliense, 1984.

DIJK, R. V.; REIS, R.; SPIERENBURG, M. (org.). *The Quest for Fruition Through Ngoma*: the Political Aspects of Healing in Southern Africa. Oxford: James Currey, 2000.

DURKHEIM, E. *As formas elementares da vida religiosa*: o sistema totêmico na Austrália. Tradução: Joaquim Pereira Neto. São Paulo: Paulinas, 1989.

ELIADE, Mircea. *O sagrado e o profano*. Tradução: Rogério Fernandes. 3. ed. São Paulo: Martins Fontes, 2012.

ELIADE, Mircea. *Tratado de história das religiões*. Tradução: Rogério Fernandes. São Paulo: Martins Fontes, 2008.

FEITICEIROS da palavra: o jongo do Tamandaré. Documentário, cores, 56 minutos. Direção: Rubens Xavier. Produção: TV Cultura, Associação Cultural Cachuera. São Paulo, 2001. Disponível em: <https://filmow.com/feiticeiros-da-palavra-t69250/>. Acesso em: 6 jun. 2021.

FERRETTI, Mundicarmo. *Terra de caboclo*. São Luís: Secma, 1994.

FERRETTI, Sérgio. Sincretismo e religião na festa do Divino. *Anthropológicas*, Recife, v. 18, n. 2, p. 105-122, 2007.

FERRETTI, Sérgio. Sincretismos, amálgamas e correspondências simbólicas. In: CARREIRO, Gamaliel da Silva; FERRETTI, Sérgio; SANTOS, Lyndon de Araújo (org.). *Missa, culto e tambor*: os espaços das religiões no Brasil. São Luís: Edufma/Fapema, 2012. p. 281-294.

FIGUEIREDO, Janaína de. *Entre portos e ritos*: a memória do candomblé angola em Santos. Tese (Doutorado em Antropologia), Pontifícia Universidade Católica de São Paulo, São Paulo, 2016.

FIGUEIREDO, Janaína de. *Meu avô é um tata*. Rio de Janeiro: Pallas, 2018.

FIGUEIREDO, Janaína de. Umbanda e Angola: caminhos entrecruzados. In: SILVA, José Carlos Gomes da; ARAÚJO, Melvina (org.). *Culturas afro-brasileiras*: temas fundamentais em ensino, pesquisa e extensão. São Paulo: Alameda, 2017. p. 117-144.

FIGUEIREDO, Janaína de; ARAÚJO, P. Nkisi na diáspora. In: FIGUEIREDO, Janaína de (org.). *Nkisi na diáspora*: raízes religiosas bantu no Brasil. São Paulo: Acubalin; Brasília: Ministério da Cultura, 2013. p. 30-42.

FIGUEIREDO, Janaína de; CAPPONI, Giovanna. *Voos míticos*: fluidez das fronteiras entre aves e humanos no candomblé. No prelo (2022).

FIGUEIREDO, Janaína de; KAJALACY, Tata. *O fuxico de Janaína*. Belo Horizonte: Aletria, 2015.

FLORENTINO, Manolo; RIBEIRO, Alexandre; SILVA, Daniel D. da. Aspectos comparativos do tráfico de africanos para o Brasil (séculos XVIII e XIX). *Afro-Ásia*, Salvador, n. 31, p. 83-126, 2004.

FRANÇA, Zezinho [José Avelino Francelino]. *Amburaxó, o primeiro culto brasileiro*. Disponível em: <https://www.recantodasletras.com.br/ensaios/4378421>. Acesso em: 23 jun. 2021.

FRAZER, James George. O escopo da antropologia social. In: CASTRO, Celso (org.). *Evolucionismo cultural*: textos de Morgan, Tylor e Frazer. Tradução: Maria Lúcia de Oliveira. Rio de Janeiro: Jorge Zahar, 2004. p. 101-127.

FRY, Peter. *Gallus africanus est*, ou como Roger Bastide se tornou africano no Brasil. In: SIMSON, Olga de Moraes von (org.). *Revisitando a terra de contrastes*: a atualidade da obra de Roger Bastide. São Paulo: FFLCH/Ceru, 1986. p. 31-45.

FU-KIAU, Kimbwandende Kia Bunseki. *A visão bântu kôngo da sacralidade do mundo natural*. Tradução: Valdina O. Pinto. Disponível em: <https://estahorareall.files.wordpress.com/2015/07/dr-bunseki-fu-kiau-a-visc3a3o-bantu-kongo-da-sacralidade-do-mundo-natural.pdf>. Acesso em: 5 jun. 2021.

FU-KIAU, Kimbwandende Kia Bunseki. *African Cosmology of the Bantu-kongo*: Principles of Life and Living. New York: Athelia Henrietta, 2001a.

FU-KIAU, Kimbwandende Kia Bunseki. *Self-healing Power and Therapy*: Old Teachings from Africa. Clifton: African Tree, 2001b.

GEERTZ, Clifford. *A interpretação das culturas*. Tradução: Fanny Wrobel. Rio de Janeiro: LTC, 2011.

GILROY, Paul. *O Atlântico negro*: modernidade e dupla consciência. Tradução de Cid K. Moreira. São Paulo: Editora 34; Rio de Janeiro: Universidade Cândido Mendes, Centro de Estudos Afro-asiáticos, 2001.

GIROTO, Ismael. *O universo mágico-religioso negro-africano e afro-brasileiro*: bantu e nàgó. Tese (Doutorado em Antropologia) Departamento de Antropologia, FFLCH, Universidade de São Paulo, São Paulo, 1999.

HALL, Stuart. *A identidade cultural na pós-modernidade*. Tradução: Tomaz Tadeu da Silva e Guacira Lopes Louro. 11. ed. Rio de Janeiro: DP&A, 2011.

HENRIQUE, Isabel C. A materialidade do simbólico: marcadores territoriais, marcadores identitários angolanos (1880-1950). *Textos de História*, Brasília, v. 12, n. 1-2, p. 9-41, 2004.

HERSKOVITS, Melville J. *Antropologia cultural*. Tradução: Maria José de Carvalho, Hélio Bichels. São Paulo: Mestre Jou, 1960.

HERSKOVITS, Melville J. *The Myth of the Negro Past*. Boston: Beacon, 1990.

HOFBAUER, A. Dominação e contrapoder: o candomblé no fogo cruzado entre construções e desconstruções de diferença e significado. *Revista Brasileira de Ciência Política*, Brasília, n. 5, p. 37-39, jan./jul. 2011.

IBERCULTURA. *Mãe Lúcia e Associação São Jorge Filho da Gomeia...* Disponível em: <https://iberculturaviva.org/portfolio/associacao-sao-jorge-filho-da-gomeia-economia-criativa-em-torno-da-cultura-e-do-saber-ancestral/>. Acesso em: 23 jun. 2021.

IPHAN. *Edital Programa Nacional do Patrimônio Imaterial*: Edital 2014... Disponível em: <http://portal.iphan.gov.br/uploads/ckfinder/arquivos/Edital_PNPI_2014_catalogo_dos_premiados_IPHAN_GFCA.pdf>. Acesso em: 23 jun. 2021.

ISAAC, Daniel. O candomblé na Baixada Fluminense. *Pilares da História*, Duque de Caxias, v. 4, n. 6, p. 49-69, 2006.

JANZEN, John. *Lemba, 1650-1930*: a Drum of Affliction in Africa and the New World. New York: Garland, 1982.

JANZEN, John. *Ngoma:* Discourses of Healing in Central and Southern Africa. Berkeley: University of California Press, 1992.

JOHNSON, Paul Christopher. *Secrets, Gossip and Gods*. Oxford: Oxford University Press, 2002.

KAGAME, Alexis. A percepção empirica do tempo e concepção da história no pensamento bantu. In: RICOEUR, Paul (org.). *As culturas e o tempo*: estudos reunidos pela Unesco. Tradução: G. Titton. Petrópolis: Vozes, São Paulo: Edusp, 1975. p. 102-135.

KARASCH, Mary C. *A vida dos escravos no Rio de Janeiro, 1808-1850*. Tradução: Pedro Maia Soares. São Paulo: Companhia das Letras, 2000.

KILEUY, Odé; OXAGUIÃ, Vera de. *O candomblé bem explicado*: nações bantu, iorubá e fon. Rio de Janeiro: Pallas, 2009.

KLIEMAN, K. Of ancestors and Earth Spirits: New Approaches to Interpreting Central African Politics, Religion, and Art. In: LAGAMMA, A. (org.). *Eternal Ancestors*: the Art of the Central African Reliquary. New York: Metropolitan Museum of Art, 2007. p. 33-61.

KLIEMAN, K. *The Pygmies Were Our Compass*: Bantu and Batwa in the history of West Central Africa, early times to c. 1900 C. E. Portsmouth: Heinemann, 2003.

LANDES, Ruth. *A cidade das mulheres*. Tradução: Maria Lúcia do Eirado Silva. Rio de Janeiro: Civilização Brasileira, 1967.

LEITE, Fábio. A questão ancestral. *África*, São Paulo, n. 7, p. 133-135, 1984.

LIMA, José. *A festa de egun e outros ensaios*: rezas, meisinhas, mandingas e mandigueiros da Bahia (contribuição ao estudo do folk-lore baiano). Salvador: Manú, 1952. (Publicado originalmente com o título *Folclore baiano: três ensaios*.)

LIMA, Vivaldo da Costa. *A família de santo nos candomblés jeje-nagôs da Bahia*: um estudo das relações intragrupais. 2. ed. Salvador: Corrupio, 2003.

LOPES, Nei. *Bantos, malês e identidade negra*. Belo Horizonte: Autêntica, 2008.

LOPES, Nei. *Enciclopédia brasileira da diáspora africana*. São Paulo: Selo Negro, 2004.

LOVEJOY, Paul E. The Volume of the Atlantic Slave Trade: a Synthesis. *Journal of African History*, Cambridge, v. 23, n. 4, p. 473-501, 1982.

LUZ, Marco Aurélio; LAPASSADE, Georges. *O segredo da macumba*. Rio de Janeiro: Paz e Terra, 1972.

MÃE Ilza Mukalê comemora mais um aniversário sexta dia 13 de março. Disponível em: <http://www.palmares.gov.br/?p=3319>. Acesso em: 23 jun. 2021.

MACEDO, José R. *Riso, cultura e sociedade na Idade Média*. São Paulo: Unesp, 2000.

MACGAFFEY, W. *Religion and Society in Central Africa*: the Bakongo of Lower Zaire. Chicago: University of Chicago Press, 1986.

MACHADO, Veridiana Silva. *O cajado de Lemba*: o tempo no candomblé de nação Angola. Dissertação (Mestrado em Psicologia), Faculdade de Filosofia, Ciências e Letras, Universidade de São Paulo, Ribeirão Preto, 2015.

MAGGIE, Yvonne. *Guerra de orixá*: um estudo de ritual e conflito. 3. ed. Rio de Janeiro: Jorge Zahar, 2001.

MALANDRINO, Brígida Carla. *"Há sempre confiança de se estar ligado a alguém"*: dimensões utópicas das expressões da religiosidade bantú no Brasil. Tese (Doutorado em Ciências da Religião), Pontifícia Universidade Católica de São Paulo, São Paulo, 2010.

MAM'ETU Seci Caxi. In: *Falando do Axé*: Angola, 0042. Edição: Ogã Jaçanã. Vídeo, 33 minutos, a cores, sonoro. Rio de Janeiro: Grupo de Estudos Braulio Goffman, 29 out. 2015. Disponível em: <https://www.youtube.com/watch?v=82iqi24YrbY>. Acesso em: 6 jun. 2021.

MAPEAMENTO dos terreiros de Salvador. Disponível em: <http://www.terreiros.ceao.ufba.br/>. Acesso em: 23 jun. 2021.

MATORY, J. Lorand. Jeje: repensando nações e transnacionalismo. *Mana*, Rio de Janeiro, v. 5, n. 1, p. 57-80, 1999.

MATORY, J. Lorand. Yorubá: as rotas e as raízes da nação transatlântica, 1830-1950. *Horizontes Antropológicos*, Porto Alegre, v. 4, n. 9, p. 263-292, out. 1998.

MATTA, D. J. Cordeiro da. *Ensaio de dicionário kimbundo-português*. Lisboa: Antonio Maria Pereira, 1893.

MAUÉS, Raymundo H; VILLACORTA, Gisela M. Pajelança e encantaria amazônica. In: PRANDI, Reginaldo (org.). *Encantaria brasileira*: o livro dos mestres, caboclos e encantados. Rio de Janeiro: Pallas, 2001. p. 11-58.

MENDES, Andrea. Candomblé Angola e o culto ao caboclo: de como João da Pedra Preta se tornou Rei Nagô. *Periferia*, Rio de Janeiro, v. 6, n. 2, p. 120-138, dez. 2014a.

MENDES, Andrea. *Vestidos de realeza*: contribuições centro-africanas no Candomblé de Joãozinho da Gomeia (1937-1967). Dissertação (Mestrado), Instituto de Filosofia e Ciências Humanas, Universidade Estadual de Campinas, Campinas, 2012.

MENDES, Andrea. *Vestidos de realeza*: fios e nós centro-africanos no candomblé de Joãozinho da Gomeia. Duque de Caxias: APPH-Clio, 2014b.

MILLER, Joseph C. Imbangala Lineage Slavery (Angola). In: MIERS, Suzanne; KOPYTOFF, Igor. *Slavery in Africa*: Historical and Anthropological Perspectives. Madison: University of Wisconsin Press, 1977. p. 205-234.

MINOIS, Georges. *História do riso e do escárnio*. Tradução: Maria Elena O. O. Assumpção. São Paulo: Unesp, 2003.

MINTZ, Sidney W.; PRICE, Richard. *O nascimento da cultura afro-americana*: uma perspectiva antropológica. Tradução: Vera Ribeiro. Rio de Janeiro: Pallas/Universidade Cândido Mendes, 2003.

MORGAN, Lewis Henry. A sociedade antiga... In: CASTRO, Celso (org.). *Evolucionismo cultural*: textos de Morgan, Tylor e Frazer. Tradução: Maria Lúcia de Oliveira. Rio de Janeiro: Jorge Zahar, 2004. p. 41-65.

MOTT, Luiz. O calundu-angola de Luzia Pinta, Sabará, 1739. *Revista IAC*, Ouro Preto, v. 2, n. 11, p. 73-82, fev. 1994.

MUNANGA, Kabengele. O que é africanidade? *Entrelivros*, série Biblioteca, São Paulo, n. 6, p. 8-13, 2007.

MUNANGA, Kabengele. Origem e histórico do quilombo na África. *Revista USP*, São Paulo, n. 28, p. 56-63, mar. 1996.

MUNANGA, Kabengele. *Rediscutindo a mestiçagem no Brasil*: identidade nacional *versus* identidade negra. São Paulo: Autêntica, 2008.

NEGRÃO, Lisias Nogueira. *Entre a cruz e a encruzilhada*: formação do campo umbandista em São Paulo. São Paulo: Edusp, 1996a.

NEGRÃO, Lisias Nogueira. Magia e religião na umbanda. *Revista USP*, São Paulo, n. 31, p. 76-89, set.-nov. 1996b.

NEGRÃO, Lisias Nogueira. Umbanda: entre a cruz e a encruzilhada. *Tempo Social*, São Paulo, v. 5, n. 1/2, p. 113-122, 1993.

NGUMBA, Phambu. [*Tradução de termos kikongo*]. São Paulo: Comunicação pessoal, 2016.

NUCCI, Priscila. *Odisseu e o abismo*: Roger Bastide, as religiões de origem africana e as relações raciais no Brasil.Tese (Doutorado em Sociologia), Departamento de Sociologia, Instituto de Filosofia e Ciências Humanas, Universidade Estadual de Campinas, Campinas, 2006.

NUNES, Erivaldo S. *Contribuição para a história do candomblé congo-angola na Bahia*: o terreiro de Bernardino do Bate Folha (1916 –1946). Tese (Doutorado em História Social), Faculdade de Filosofia e Ciências Humanas, Universidade Federal da Bahia, Salvador, 2017.

OLIVEIRA, Eduardo. Epistemologia da ancestralidade. *Entrelugares*: Revista de Sociopoética e Abordagens Afins, Fortaleza, v. 1, n. 2, mar./ago. 2009. Diponível em: <https://filosofia-africana.weebly.com/uploads/1/3/2/1/13213792/eduardo_oliveira_-_epistemologia_da_ancestralidade.pdf>. Acesso em: 6 jun. 2021.

OLIVEIRA, José Carlos de. *Os zombo e o futuro (nzil'a bazombo)*: na tradição, na colônia e na independência. Tese (Doutorado em Antropologia), Departamento de Antropologia, Universidade de Coimbra, Coimbra, 2008.

OLIVEIRA, Maria Inês Cortes. *O liberto*: o seu mundo e os outros, Salvador, 1790-1890. Bahia: Corrupio, 1988.

OLIVEIRA, Roberto Cardoso de. *O trabalho do antropólogo*. São Paulo: Unesp, 1998.

OLIVEIRA, Rosângela P. de. *Morte tradicional em sociedade moderna*: os ritos de morte na comunidade dos Arturos. Tese (Doutorado em Antropologia), Departamento de Ciências Sociais, Pontifícia Universidade Católica de São Paulo, São Paulo, 2011.

ORTIZ, Renato. *A morte branca do feiticeiro negro*: umbanda e sociedade brasileira. Petrópolis: Vozes, 1978.

OUTI, Daniela. *Terreiro Ilê N'Zambi recebe registro de Sítio Arqueológico Histórico do IPHAN*. Disponível em: <http://acubalin.org.br/terreiro-ile-n-zambi-recebe-registro-de-sitio-arqueologico-historico-do-iphan/>. Acesso em 7 dez. 2021.

OXALÁ, Pai Paulo de. *O requinte de Mam'etu Mabeji, a Flor do Candomblé*. Disponível em: <https://extra.globo.com/noticias/religiao-e-fe/pai-paulo-de-oxala/o-requinte-de-mametu-mabeji-flor-do-candomble-21073878.html>. Acesso em: 23 jun. 2021.

PARÉS, Luis Nicolau. *A formação do candomblé*: história e ritual da nação jeje na Bahia. 2. ed. Campinas: Unicamp, 2007.

PAULA, Benjamin Xavier de. Os estudos africanos no contexto das diásporas. *Educação e Políticas em Debate*, Uberlândia, v. 2, n. 1, p. 10-26, jan./jun. 2013.

PEREIRA, Edimilson de A.; GOMES, Núbia P. de M. Inumeráveis cabeças: tradições afro-brasileiras nos horizontes da contemporaneidade. In: FONSECA, Maria Nazareth (org.). *Brasil afro-brasileiro*. 2. ed. Belo Horizonte: Autêntica, 2001. p. 41-59.

PEREIRA, Matheus Serva. *Uma viagem possível*: da escravidão à cidadania. Quintino de Lacerda e as possibilidades de integração dos ex-escravos no Brasil. Dissertação (Mestrado em História), Departamento de História, Instituto de Ciências Humanas e Filosofia, Universidade Federal Fluminense, Niterói, 2011.

PEREIRA, Rodrigo. Memórias do terreiro da Gomeia: entre a sacralidade e a dessacralização. *Virus*, São Carlos [on-line], n. 16, 2018.

PEREIRA, Rodrigo. Sucessão e liminaridade: o caso do terreiro da Gomeia. *Tessituras*, Pelotas, v. 3, n. 1, p. 372-402, jan.-jun. 2015.

PIERSON, Donald. *Brancos e pretos na Bahia*: estudo de contacto social. 2. ed. São Paulo: Nacional, 1971.

PINTO, Valdina O. Nação Angola. In: ENCONTRO de Nações de Candomblé, 2, Salvador, 1995. *Anais...* Salvador: CEAO, Programa "A cor da Bahia", Fundação Gregório de Matos, Câmara dos Vereadores, 1997. p. 117.

POLLAK, Michael. Memória e identidade social. Tradução: Monique Augras. *Estudos Históricos*, Rio de Janeiro, v. 5, n. 10, p. 200-212, 1992.

POLLAK, Michael. Memória, esquecimento, silêncio. Tradução: Dora Rocha Flaksman. *Estudos Históricos*, Rio de Janeiro, v. 2, n. 3, p. 3-15, 1989.

PRANDI, Reginaldo. As religiões negras do Brasil: para uma sociologia dos cultos afro-brasileiros. *Revista USP*, São Paulo, n. 28, p. 64-83, mar. 1996.

PRANDI, Reginaldo (org.). *Encantaria brasileira*: o livro dos mestres, caboclos e encantados. Rio de Janeiro: Pallas, 2001.

PRANDI, Reginaldo. *Linhagem e legitimidade do candomblé paulista*. Disponível em: <http://www.anpocs.com/

images/stories/RBCS/14/rbcs14_02.pdf>. Acesso em: 8 jul. 2021.

PRANDI, Reginaldo. *Os candomblés de São Paulo*. São Paulo: Hucitec/USP, 1991.

PREVITALLI, Ivete Miranda. *Tradição e traduções*. Tese (Doutorado em Antropologia), Departamento de Ciências Sociais, Pontifícia Universidade Católica de São Paulo, São Paulo, 2012.

QUALLS-CORBETT, Nancy. *A prostituta sagrada*: a face eterna do feminino. Tradução: Isa F. Leal Ferreira. São Paulo: Paulus, 2005.

RAMOS, Arthur. *A aculturação negra no Brasil*. São Paulo: Nacional, 1942.

RAMOS, Arthur. *Estudos de folk-lore*: definições e limites, teorias de interpretação. Rio de Janeiro: Casa do Estudante do Brasil, 1951.

REGINALDO, Lucilene. *Os rosários dos angolas*: irmandades de africanos e crioulos na Bahia setecentista. São Paulo: Alameda, 2011.

REIS, João José. *A morte é uma festa*: ritos fúnebres e revolta popular no Brasil do século XIX. São Paulo:Companhia das Letras, 1991.

REIS, João José. *Domingos Sodré um sacerdote africano*: escravidão, liberdade e candomblé na Bahia do século XIX. São Paulo: Companhia das Letras, 2008.

REIS, João José (org.). *Escravidão e invenção da liberdade*: estudos sobre o negro no Brasil. São Paulo: Brasiliense, 1988a.

REIS, João José. Magia jeje na Bahia: a invasão do calundu do Pasto da Cachoeira, 1785. *Revista Brasileira de História*, São Paulo, v. 8, n. 16, p. 57-81, mar./ago. 1988b.

REIS, João José. Nos achamos em campo a tratar da liberdade: a resistência negra no Brasil oitocentista. In: MOTA,

Carlos Guilherme (org.). *Viagem incompleta*: a experiência brasileira (1500-2000) – formação: histórias. São Paulo: Senac São Paulo, 2000. p. 241-263.

REIS, João José. *Rebelião escrava no Brasil*: a história do levante dos malês em 1835. São Paulo: Companhia das Letras, 2003.

REIS, João José; AZEVEDO, Elciene (org.). *Escravidão e suas sombras*. Salvador: Edufba, 2012.

REIS, João José; GOMES, Flávio dos S. (org.). *Liberdade por um fio*: história dos quilombos no Brasil. São Paulo: Companhia das Letras, 1996.

REIS, João José; GOMES, Flávio dos S.; CARVALHO, Marcus J. de. *O alufá Rufino*: tráfico, escravidão e liberdade no Atlântico negro (c. 1822 – c. 1853). São Paulo: Companhia das Letras, 2010.

REIS, João José; SILVA, Eduardo. *Negociação e conflito*: resistência negra no Brasil escravista. São Paulo: Companhia das Letras, 1989.

RIBEIRO, Maria Lourdes Borges. O jongo. *Cadernos de Folclore*, Rio de Janeiro, n. 34, 1984.

RIBEIRO, Renê. *Cultos afro-brasileiros do Recife*: um estudo de ajustamento social. Recife: Instituto Joaquim Nabuco de Pesquisas Sociais, 1952.

RIO, João do [João Paulo Barreto]. *As religiões no Rio*. Rio de Janeiro: Simões, 1951.

RIOS, Ana Lugão; MATTOS, Hebe Maria. *Memórias do cativeiro*: família, trabalho e cidadania no pós-abolição. Rio de Janeiro: Civilização Brasileira, 2005.

ROBERTS, Nickie. *As prostitutas na história*. Tradução: Magda Lopes. Rio de Janeiro: Rosa dos Tempos, 1992.

RODRIGUES, Raymundo Nina. *Os africanos no Brasil*. Rio de Janeiro: Centro Edelstein de Pesquisas Sociais, 2010.

ROHDE, Bruno Faria. Umbanda, uma religião que não nasceu: breves considerações sobre uma tendência dominante na interpretação do universo umbandista. *Revista de Estudos da Religião*, São Paulo, ano 9, n. 1, p. 77-96, mar. 2009.

ROMERO, Sílvio. *História da literatura brasileira*. 29. ed. São Paulo: Cultrix, 1975.

SAHLINS, Marshall. Adeus aos tristes tropos: a etnografia no contexto da moderna história mundial. In: SAHLINS, Marshall. *Cultura na prática*. Tradução: Vera Ribeiro. Rio de Janeiro: UFRJ, 2004. p. 503-534.

SAHLINS, Marshall. *Ilhas de história*. Tradução: Bárbara Sette. 2. ed. Rio de Janeiro: Zahar, 2011.

SAHLINS, Marshall. O "pessimismo sentimental" e a experiência etnográfica: por que a cultura não é um "objeto" em via de extinção (parte I). *Mana*, Rio de Janeiro, v. 3, n. 1, p. 41-73, abr. 1997.

SANTOS, Adriana Batalha dos. A presença da ausência da Gomeia em Duque de Caxias. *Periferia*, Rio de Janeiro, v. 12, n. 3, p. 175-200, set.-dez. 2020.

SANTOS, Deoscóredes M. dos. *Axé Opô Afonjá*. Rio de Janeiro: Instituto Brasileiro de Estudos Afro-asiáticos, 1962.

SANTOS, Deoscóredes M. dos. Festa de Mãe d'água em Ponta de Areia, Itaparica. *Revista Brasileira de Folclore*, Rio de Janeiro, v. 6, n. 14, p. 65-74, 1976.

SANTOS, Jocélio Teles dos. Menininha do Gantois: a sacralização do poder. In: SILVA, Vagner Gonçalves da (org.). *Caminhos da alma*: memória afro-brasileira. 2. ed. São Paulo: Selo Negro, 2002. p. 133-151.

SANTOS, Jocélio Teles dos. *O dono da terra*. Salvador: Sarah Letras, 1995.

SANTOS, Juana Elbein dos; SANTOS, Deoscóredes M. dos. O culto dos ancestrais na Bahia: o culto de egum. In: MOURA,

Carlos Eugênio M. de (org.). *Olóòrisá*: escritos sobre a religião dos orixás. São Paulo: Ágora, 1981. p. 155-188.

SANTOS, Juana Elbein dos. *Os nagô e a morte*: pàde, àsèsè e o culto Égun na Bahia. 2. ed. Petrópolis: Vozes, 1977.

SANTOS, Tiganá S. N. *A cosmologia africana dos Bantu-Kongo por Bunseki Fu-Kiau*: tradução negra, reflexões e diálogos a partir do Brasil. Tese (Doutorado em Estudos da Tradução), Faculdade de Filosofia, Letras e Ciências Humanas, Universidade de São Paulo, São Paulo, 2019.

SERRA, Ordep. *Águas do rei*. Rio de Janeiro: Koinonia; Petrópolis: Vozes, 1995.

SERRA, Ordep. Caminhos da Aruanda: a umbanda candanga revisitada. *Afro-Ásia*, Salvador, n. 25-26, p. 215-256, 2001.

SERRA, Ordep. *Terreiro de Bogum, Zoogodô Bogum Malê Rundó*. Laudo antropológico, set. 2008. Disponível em: <www.ordepserra.files.wordpress.com/2008/09/bogum-vii.pdf>. Acesso em: 15 maio 2015.

SERRA, Ordep. Triunfo dos caboclos. In: CARVALHO, Maria Rosário de; CARVALHO, Ana Magda (org.). *Índios e caboclos*: a história recontada. Salvador: Edufba, 2012. p. 55-77.

SILVA, Kislana R. Ramos da. *Resistências e subjetividades*: marcas de africanidade e negritude na poética de José Craveirinha e Oliveira Silveira. Dissertação (Mestrado em Literatura), Departamento de Literatura e Interculturalidade, Universidade Estadual da Paraíba, Campina Grande, 2013.

SILVA, Vagner Gonçalves da. *Candomblé e umbanda*: caminho da devoção brasileira. São Paulo: Ática, 1994.

SILVA, Vagner Gonçalves da. *O antropólogo e sua magia*: trabalho de campo e texto etnográfico nas pesquisas antropológicas sobre religiões afro-brasileiras. São Paulo: Edusp, 2006.

SILVA, Vagner Gonçalves da. *Orixás da metrópole*. Petrópolis: Vozes, 1995.

SILVA, Vagner Gonçalves da. Religiões afro-brasileiras. *Revista USP*, São Paulo, n. 55, p. 82-111, set./nov. 2002.

SILVA, Vagner Gonçalves da; LODY, Raul. Joãozinho da Gomeia: o lúdico e o sagrado na exaltação ao candomblé. In: SILVA, Vagner Gonçalves da (org.). *Caminhos da alma*: memória afro-brasileira. São Paulo: Selo Negro, 2002. p. 153-182.

SILVEIRA, Daniel. *Terreiro do Bate Folha completa 100 anos; conheça história*. Disponível em: <https://www.correio24horas.com.br/noticia/nid/terreiro-do-bate-folha-completa-100-anos-conheca-historia/>. Acesso em: 23 jun. 2021.

SILVEIRA, Renato da. *O candomblé da Barroquinha*: processo de constituição do primeiro terreiro baiano de keto. Salvador: Maianga, 2006.

SLENES, Robert W. "Malungu, ngoma vem!": África coberta e descoberta no Brasil. *Revista USP*, São Paulo, n. 12, p. 48-67, 1992.

SLENES, Robert W. L'arbre nsanda replanté: cultes d'affliction kongo et identité des esclaves de plantation dans le Brésil du sud-est (1810-1888). *Cahiers du Brésil Contemporain*, Paris, n. 67/68, partie 2, p. 217-313, 2007.

SLENES, Robert W. *Na senzala, uma flor*: esperanças e recordações na formação da família escrava, Brasil sudeste, século XIX. 2. ed. Campinas: Unicamp, 2011.

SOARES, Mariza de Carvalho. *Devotos de cor*: identidade étnica, religiosidade e escravidão no Rio de Janeiro, século XVIII. Rio de Janeiro: Civilização Brasileira, 2000.

SODRÉ, Muniz. *O terreiro e a cidade*: a forma social negro-brasileira. Petrópolis: Vozes, 1988.

SOUZA, Laura de Mello e. *O diabo e a terra de Santa Cruz*: feitiçaria e religiosidade popular no Brasil colonial. São Paulo: Companhia das Letras, 1986.

SOUZA, Laura de Mello e. *Revisitando o calundu*. São Paulo, 2002. Disponível em: <http://www.historia.fflch.usp.br/sites/historia.fflch.usp.br/files/CALUNDU_0.pdf>. Acesso em: 3 jun. 2021.

SOUZA, Marina de Mello e. *Reis negros no Brasil escravista*: história da festa de coroação de Rei Congo. Belo Horizonte: UFMG, 2002.

SOUZA FILHO, Florival José de. *Candomblé na cidade de Aracaju*: território, espaço urbano e poder público. Dissertação (Mestrado em Sociologia), Universidade Federal de Sergipe, São Cristóvão, 2013.

SWEET, James H. *Domingos Álvares, African Healing, and the Intellectual History of the Atlantic World*. Chapel Hill: University of North Carolina Press, 2011.

SWEET, James H. *Recriar África*: cultura, parentesco e religião no mundo afro-português (1441-1770). Tradução: João Reis Nunes. Lisboa: Edições 70, 2007.

TEMPELS, Placide R. S. *La philosophie bantoue*. Paris: Présence Africaine, 1948.

THOMPSON, Robert F. *Flash of the Spirit*. New York: Vintage Books, 1984.

THOMPSON, Robert F.; CORNET, Joseph. *The Four Moments of the Sun*: Kongo art in two worlds. Washington, DC: National Gallery of Art, 1981.

THORNTON, John. Religião e vida cerimonial no Congo e áreas umbundo, de 1500 a 1700. In: HEYWOOD, Linda M. (org.). *Diáspora negra no Brasil*. Tradução: Ingrid de C. V. Fregonez, Thaís C. Casson e Vera L. Benedito. São Paulo: Contexto, 2008.

TIPHAGNE, Nicolas. O índio em Salvador: uma construção histórica. In: CARVALHO, Maria Rosário de; CARVALHO, Ana Magda (org.). *Índios e caboclos*: a história recontada. Salvador: Edufba, 2012. p. 31-54.

TRINDADE, Liana. *Exu: poder e perigo*. São Paulo: Ícone, 1985.

TRUZZI, Oswaldo. Assimilação ressignificada: novas interpretações de um velho conceito. *Dados Revista de Ciências Sociais*, Rio de Janeiro, v. 55, n. 2, p. 517-553, 2012.

VANSINA, Jan. Deep Down Time: Political Tradition in Central Africa. *History in Africa*, Cambridge, v. 16, p. 341-362, may 1989.

VELHO, Gilberto. Observando o familiar. In: NUNES, Edson de Oliveira (org.). *A aventura sociológica*: objetividade, paixão, improviso e método na pesquisa social. Rio de Janeiro: Zahar, 1978. p. 36-46.

VERGER, Pierre. *Notes sur le culte des orisa et vodun*: à Bahia, la Baie de Tous les Saints, au Brésil et à l'ancienne Côte des Esclaves en Afrique. Dakar: Institut Français d'Afrique Noire, 1957.

WAFER, J. *The taste of blood*: spirit possession in Brazilian Candomblé. Philadelphia: University of Pennsylvania Press, 1991.

WEBER, Max. Parte 3: Religião. In: WEBER, Max. *Ensaios de sociologia*. Tradução: Waltensir Dutra. 5. ed. Rio de Janeiro: Livros Técnicos e Científicos, 1982. p. 309-410.

YOUNG, Jason R. *Rituals of resistance*: African Atlantic religion in Kongo and the Lowcountry South in the Era of Slavery. Baton Rouge: Louisianna State University Press, 2007.

ZIEGLER, Jean. *Os vivos e a morte*: uma "sociologia da morte" no Ocidente e na diáspora africana no Brasil, e seus mecanismos culturais. Tradução: Áurea Weissenberg. Rio de Janeiro: Zahar, 1977.

Este livro foi impresso em fevereiro de 2022
na Gráfica Assahí, em São Paulo.
A famílias tipográficas utilizadas foram
a ITC Stone Serif STD e a Avenir.
O papel utilizado foi o offset 75g/m² , para o miolo,
e o cartão 250g/m² para a capa.

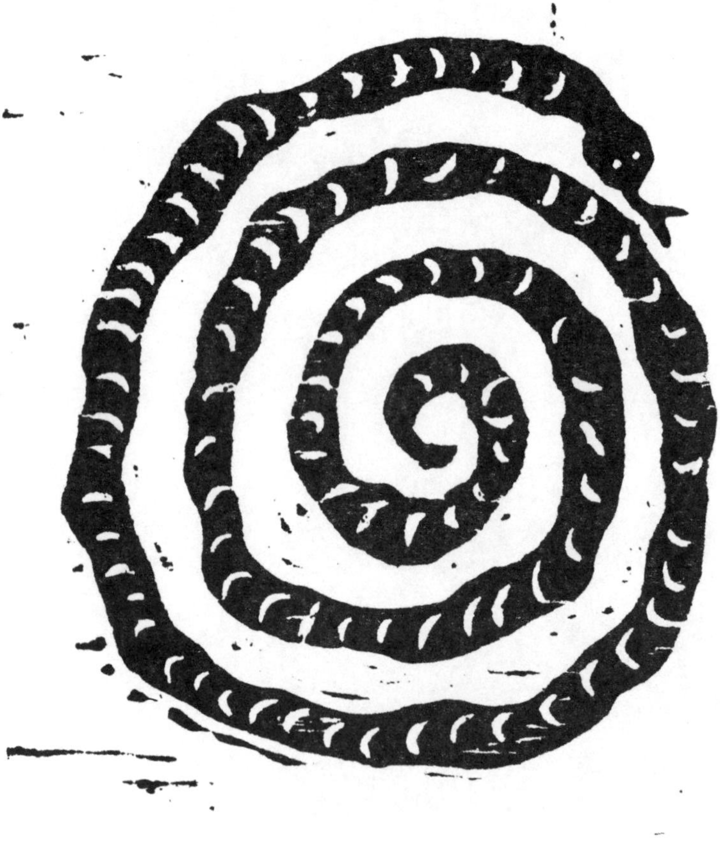